Inhalt

Kennen Sie das auch?

Fünfundzwanzig Hefte liegen vor Ihnen: Reizwortgeschichten Ihrer Lieben aus der Klasse 4a. Sie haben es sich in Ihrem Arbeitszimmer gemütlich gemacht, aber die Motivation will nicht kommen. Sicher, Sie sind neugierig und brennen darauf zu erfahren, was die jungen Autoren aus den drei Zauberwörtern gemacht haben. Bestimmt gibt es auch wieder die eine oder andere Stelle, bei der Sie schmunzeln und sich vornehmen, diese Ihrer Kollegin aus der 4b vorzulesen.

Aber: Sie wissen, es liegen wieder zwei, drei zermürbende Wochen vor Ihnen, in denen Sie sich immer lustloser durch den Haufen arbeiten. Die letzten Hefte schlagen Sie schließlich nur noch mit Aversion auf. Die Laune sinkt unter den Nullpunkt. Unzufriedenheit breitet sich aus. „Habe ich die Geschichten in etwa gleich bewertet?" „Habe ich diese Textstellen nicht in den ersten Heften ganz anders beurteilt?" „Welche Note soll ich diesem Kind geben: Noch eine schwache Drei oder doch eher eine Vier?" „Diese Geschichte ist miserabel. Wie erkläre ich das dem Kind, ohne es zu entmutigen? Wie kann ich ihm bei der Überarbeitung helfen?" „Und diese Arbeit ist unsere Vergleichsarbeit in diesem Halbjahr und muss genauso bewertet werden wie in der Parallelklasse. Wie kommen wir dabei nur auf einen gemeinsamen Nenner?" …

Schluss mit dieser Quälerei! Das finde ich auch. Wie für viele Kolleginnen waren auch für mich Aufsatzkorrekturen eine „Magenschmerz"-Disziplin. Das wollte ich ändern. Aus diesem Grund habe ich die vorliegenden Beurteilungskriterien und -bögen zu den einzelnen Textsorten entwickelt. Über einige Jahre hinweg haben meine Kollegen mit mir

diese Bögen in der Praxis ausprobiert. Meine Erfahrungen und die Rückmeldungen der Kolleginnen führten zu vielen Überarbeitungen bis schließlich eine endgültige und für alle praktikable Lösung Gestalt annahm. Das Ergebnis dieser Arbeit finden Sie in diesem Heft: Arbeitsblätter mit Schreib-Tipps zu verschiedenen Aufsatzarten und entsprechende Beurteilungsbögen.

Nach den neuesten Erlässen in den meisten Bundesländern, die zur Qualitätssicherung in den Grundschulen das Schreiben von Parallelarbeiten (gleiche Klassenaufsätze mit gleicher Benotungsgrundlage) in den Klassen 3 und 4 vorsehen, benötigen Sie ein klares und praktikables Bewertungssystem, das ich Ihnen mit den vorliegenden Beurteilungsbögen anbiete.

Zuvor allerdings möchte ich im ersten Kapitel die Probleme der Aufsatzkorrektur, wie sie sich für den Praktiker stellen, beleuchten. Sicher finden Sie sich an der einen oder anderen Stelle wieder und nicken heftig mit dem Kopf.

Schreibregeln und Beurteilungsbögen allein machen keinen sinnvollen Aufsatzunterricht aus. Wichtig ist der vorangegangene Unterricht, der auch die Schreibprozessforschung nicht aus dem Auge verliert. Dazu mehr in Kapitel 2.

Das so genannte *freie Schreiben* bildet in vielen 1. und 2. Schuljahren die Grundlage der Schreibprozessentwicklung der Kinder. Wie geht *freies Schreiben*? Und was ist damit im 3. und 4. Schuljahr? Neugierig ? Dann lesen Sie Kapitel 3.

Wer meint, dass die vorliegenden Schreibregeln und -tipps zu umfangreich für seine Klasse sind oder im zweiten Schuljahr mit leichten Vorübungen anfangen möchte, findet dazu Vorschläge in Kapitel 4.

Zu guter Letzt finden Sie am Ende einige praktische Beispiele und eine kommentierte Bibliografie.

An die Hefte – fertig – los! Mit herzlichen Grüßen und einer guten Besserung für Ihre „Korrekturmagenschmerzen" verbleibe ich

Ihre

Doris Krebs

Doris Krebs

Wo liegen die Probleme?

Woran liegt es, dass die Aufsatzkorrekturen solche Magenschmerzen verursachen? „Problem erkannt – Problem verbannt!" heißt ein schlaues Sprichwort. Mit dieser Devise will ich versuchen, die Magenschmerzen zu „behandeln".

1. Problem: Unzufriedenheit und Unsicherheit bei der Bewertung

Zum Leidwesen der Aufsatzkorrektur zählen Unzufriedenheit und Unsicherheit bezüglich der eigenen Bewertung der Texte. Korrekturpraxis ist in der Regel, dass man sich zwar Gedanken über die Ziele seiner Aufsatzerziehung macht und überlegt, was man ungefähr von den Schülertexten erwartet. Die Komplexität des Schreibauftrages wird einem aber erst bewusst, wenn man die Textlösungen der Kinder vor sich liegen hat. Sehr gute und mangelhafte Aufsätze kristallisieren sich schnell heraus. Schwierig wird es bei den Grautönen, den halbwegs gelungenen Texten. Hier gerät man schnell ins Schwimmen. Man weiß oft nicht, ob ein Aufsatz noch gut oder eher befriedigend oder doch nur ausreichend ist, ob die Arbeit des einen Schülers die gleiche Bewertung wie die einer anderen Schülerin verdient. Viele Kollegen bilden Hefthäufchen und schieben mittlere Aufsätze unsicher von einem Haufen auf den anderen und zurück. Nach jedem Lesen mag man wieder anders entscheiden, je nach Tagesform und -laune findet man die Texte besser oder schlechter.

Hier, finde ich, ist die einzige Lösung aus dem Dilemma, dass man sich hinsetzt und Punkt für Punkt notiert, was man von den Schülertexten verbindlich erwartet und welche Leistungen zusätzlich honoriert werden sollen. Des Weiteren muss man sich Klarheit bezüglich der Wichtigkeit einzelner Punkte verschaffen. Hat man dies geleistet, gelangt man automatisch zu einem für alle Kinder gleichen Bewertungsraster. Damit verbunden empfindet man selbst ein gewisses Maß an praktizierter Gerechtigkeit und somit auch Zufriedenheit.

2. Problem: Großer Zeitaufwand

Ein leidiger Aspekt, der mit dem Thema Aufsatzkorrektur verbunden ist und für viele Lehrerinnen den Hauptgrund für ihre Abneigung gegen Aufsatzerziehung im dritten und vierten Schuljahr darstellt, ist die lange Zeitspanne, die die Korrektur und gerechte Bewertung der Aufsätze in Anspruch nimmt. Kollegen berichten meist übereinstimmend, dass die Korrekturarbeit nicht selten drei Wochen und mehr erfordert, da man nur drei bis fünf Aufsätze pro Nachmittag „verkraftet". Durch das auseinander gezogene Lesen lassen sich schließlich die Aufsätze nicht mehr miteinander vergleichen und müssen wiederholt gelesen werden, bis die Lehrerin den Eindruck hat, gleiche Noten für etwa gleichwertige Aufsätze erteilt zu haben. Häufig stellt man schließlich fest, dass man allein wegen des unterschiedlichen Qualitätseindrucks den Klassensatz drei- bis viermal durchgearbeitet hat. Das kostet Zeit und vermittelt schließlich doch nicht das Gefühl, alle gerecht beurteilt zu haben.

Hier helfen nur fest definierte Bewertungskriterien und eine festgelegte, gleich bleibende Gewichtung dieser Kriterien, über die man nicht bei jedem Schüleraufsatz neu nachdenken muss. Bei Aufsätzen, bei denen die Rechtschreibkorrektur nicht vom Erfassen des Inhaltes ablenkt (= starke bis mittlere Rechtschreiber), komme ich mit Hilfe der Beurteilungsbögen oft schon mit einem einmaligen Lesen des Textes aus, um zu einer Entscheidung bezüglich der einzelnen Bewertungsaspekte und einer Note zu kommen. Das erspart viel Zeit und nimmt der Aufsatzkorrektur einen erheblichen Teil ihrer Unbeliebtheit und Qual.

3. Problem: Klare Begründung der Note

Problem

„Es fällt mir schwer, den geeigneten Beurteilungstext zu formulieren!"

Nicht nur bei befriedigenden bis ungenügenden Aufsätzen ist es notwendig, die erteilte Note zu begründen, dem Schüler und seinen Eltern zu erklären. Häufig berichten Kollegen, dass sie sich mit den Formulierungen zur Begründung der Note abquälen. Das liegt daran, dass man nun seinen Eindruck vom Schülertext in Worte fassen muss, was nicht allen leicht fällt. Ferner kommt man auch hier nicht mehr um sachliche Beurteilungskriterien herum und letztendlich sollte dann auch noch der Lehrerkommentar ermutigend, verständlich und hilfreich sein – was gerade bei sehr schwachen Ergebnissen eine wahre Herausforderung ist.

Auch hier helfen einmal formulierte Kriterien (Schreibregeln oder -Tipps), auf die man dann hinweisen kann.

Wurden einzelne Schreibregeln nicht beachtet, kann dies in der Form zum Ausdruck gebracht werden, dass man einen Korrekturhinweis oder -tipp erteilt oder eine konkrete Arbeitsanweisung gibt. Grundsätzlich gilt besonders in der Grundschule, dass es besser ist Formulierungen wie „… hast du falsch gemacht/ … nicht gemacht/ … nicht beachtet" zu ersetzen durch Formulierungen wie „… versuche x zu machen/ … ersetze x durch y/ … lies deinen Text mehrmals halblaut und achte auf x/ … beachte bei deiner Überarbeitung x". Auch wenn dies jeder Lehrerin selbstverständlich ist, rutscht man doch immer wieder nach einiger Zeit und steigender Leseermüdung und Gereiztheit in weniger günstige Formulierungen ab.

Lösung

Berücksichtigung aller Aspekte und konkrete Hilfen zum Ankreuzen.

Auch hier hilft der Beurteilungsbogen mit durchdachten und vorformulierten Korrekturhinweisen.

4. Problem: Hilfreiche Überarbeitungshinweise fehlen

Problem

„Jeder Schüler benötigt individuelle und gute Überarbeitungshilfen."

Jedes Aufsatzschreiben wird erst dann richtig effektiv, wenn nach der Erstschrift mit den ersten Gedanken und Ansätzen der Schüler eine Textüberarbeitung folgt, innerhalb derer die Schüler gezwungen sind, ihren Text zu reflektieren, den nötigen Perspektivenwechsel hinsichtlich des Adressaten zu leisten und ihre problematischen Textstellen zu überarbeiten. Grundschüler können in der Regel schon weit mehr beim Evaluationsprozess ihres Textes leisten, als wir ihnen oft zutrauen. Dennoch fällt es manchem Autorenkind schwer, bestimmte SchreibTipps umzusetzen. In diesen Fällen benötigen die Kinder die eingehende, individuelle Hilfe des Lehrers. Diese erfolgt durch Randkommentare oder im Rahmen der Notenbegründung unter dem Aufsatz. Das kostet viel Korrekturzeit und nicht selten stellt man fest, dass man einen großen Teil der Korrekturhinweise immer wieder erteilt, da es sich um klassische Problemfelder handelt.

Lösung

Die Korrekturhinweise erfolgen in Form konkreter Arbeitshinweise.

Gerade in diesen Fällen kann der Beurteilungsbogen Abhilfe schaffen. Die wichtigsten Aufsatzziele sind in Form von Schreibtipphinweisen oder Überarbeitungsanweisungen strukturiert aufgeführt und können schnell und leicht angegeben werden. Durch die schriftlich fixierte Form aller wesentlichen Anforderungen besteht kaum die Gefahr, bei mangelnder Tagesform einzelne Aufsätze flüchtiger zu bearbeiten.

5. Problem: Gute Textstellen werden zu wenig hervorgehoben

Problem

„Oft bin ich froh, wenn ich alle Fehler markiert habe, und habe dann meist keine Lust mehr, Belobigungen auszuformulieren."

Lösung

Lob und Kritik wird in gleichem Maße berücksichtigt und ist vorformuliert.

In der Regel hat man als Lehrer schon viel Energie und Zeit in die einzelne Aufsatzkorrektur investiert, wenn man alle nötigen Überarbeitungshinweise zu den großen Schwachstellen des Textes gegeben hat. Häufig kommt dabei das Hervorheben von guten Schreibansätzen zu kurz. In der Praxis findet man meist die kurze Lobformulierung „Gut!" am Rand des Schülertextes. Das freut das Kind, lässt es aber selten erkennen, was genau gut war: die inhaltliche Idee, die Formulierung, das Einsetzen eines spannungserzeugenden Stilmittels …

Auch hier können die Kinder dem Beurteilungsbogen genau entnehmen, was sie schon gut beherrschen und welche Schreib-Tipps sie gekonnt umgesetzt haben. Zu jedem Schreib-Tipp wird sich genau geäußert: Entweder finden die Kinder ein Lob vor oder erhalten einen Hinweis für ihre Überarbeitung, der gleichzeitig darauf hinweist, dass der Schüler an dieser Stelle einer Anforderung noch nicht entsprochen hat, wobei – wie schon mehrfach hervorgehoben – vernichtende Kritik keinen Raum findet.

Didaktisch-methodischer Wegweiser

Nur allein die fertigen Beurteilungsbögen machen keinen guten Aufsatzunterricht aus. Wichtig ist vor allem der vorangegangene Unterricht. Auch ich habe im Zusammenhang mit der Entwicklung der Beurteilungsbögen viele vorbereitende Übungen ausprobiert. Letztendlich hat sich die im Folgenden beschriebene Vorgehensweise bewährt und soll dem Leser eine Möglichkeit des Umgangs mit dem vorliegenden Material aufzeigen.

Der rote Faden lautet dabei: Planen – Aufschreiben – Sich beraten – Überarbeiten – Für eine Veröffentlichung gestalten!

1. Themenfindung

Aus der Schreibprozessforschung

Entscheidend für die Anstrengungsbereitschaft der Schüler ist, ob mit der Themenfindung ein inneres Ziel des Schülers verknüpft werden kann. Ohne Motivation und Zielbildung des Schülers erreichen wir keine Bereitschaft der kleinen Autoren, sich der Anstrengung einer guten und kreativen Textproduktion zu unterziehen (vgl. Spitta, 1998, S. 30 f.).

Wir müssen nicht nur ein geeignetes Thema finden. Die Schülerin benötigt auch einen persönlichen Grund zum Texten. Das sollte weniger die Note als ein persönlich bedeutsames Ziel sein. Der Schlüssel zum inneren Ziel liegt u. a. in der Nutzung der Texte (siehe auch Abschnitt 6 Zweitschrift). Persönlich bedeutsame Gründe können z. B. sein:

- „Ich möchte dir von mir (meinen Gedanken/meinen Gefühlen) erzählen."
- „Ich möchte euch meine Geschichte vorlesen und möchte, dass ihr sie gut findet und mich lobt."
- „Ich schreibe dir einen Brief und möchte, dass du mich verstehst."
- „Ich möchte bei jemandem etwas erreichen/ihn zu etwas auffordern/zu einer Sache bewegen."
- „Ich mache mir ein eigenes, tolles Geschichtenbuch."
- „Unsere Klasse gestaltet eine Litfaßsäule im Schulflur. Ich möchte mich an der Textausstellung beteiligen und mich gut präsentieren."

Rahmenthemen aus dem Sach- und Sprachunterricht oder aus aktuellen Ereignissen gewinnen

In der Regel bietet sich aus dem Sprachrahmenthema oder dem Sachunterricht heraus ein Schreibanlass und damit ein bestimmter Aufsatztyp an:

- Hochwertige Kinderliteratur animiert zum Verfassen eigener Texte (ferner kann man anhand dieser Literatur lesend Erzählmuster und -prinzipien entdecken und für die eigenen Geschichten nutzen).
- Nach den Ferien kann das eine Urlaubsgeschichte (Erzählung) oder ein Brief sein.
- Zum Thema Freundschaft aber auch zu Muttertag passt eine Personenbeschreibung.
- Zu Weihnachten ist das Aufschreiben von Rezepten (Vorgangsbeschreibung) beliebt.
- Zum Thema Verkehr/Fahrrad wird häufig der Fahrradschlauch (Vorgangsbeschreibung) repariert.
- Zum Themenbereich Märchen/Sagen bieten sich die Textsorten Nacherzählung, Nacherzählung aus veränderter Sicht, aber natürlich auch Fantasieerzählungen, Fantasieerzählungen aus veränderter Sicht an.
- Zu vielen Sprach-Sachthemen (wie z B. Wetter, Gesundheit, Natur, Spielen, Schule) gibt es in den Schulbüchern und den handelsüblichen Kopiervorlagenmappen Bildergeschichten oder Bildgeschichten, die erzählt werden

wollen (dazu gehören auch die Bildergeschichten mit offenem Ende, unbekanntem Anfang oder weggelassener Mitte).

- Zum Thema Gesundheit/Kranksein oder wenn eine Mitschülerin längere Zeit krank ist, bietet sich der Aufsatztyp Brief an.
- Fantastische Themen wie Hexen, Geister, Zauberer und die Jahreszeit um Karneval laden zu tollen Fantasieerzählungen ein.
- Themen wie Fernsehen, Bücher, Zeitung und andere Medien erlauben die ganze Palette an Möglichkeiten: Bericht über ein Ereignis, Personenbeschreibungen (z. B. die Mitarbeiterinnen an der Schule), Erzählungen in jeder Form, Briefe …

Alle Textsorten passen zu jedem Thema

Weitere Vorschläge findet der interessierte Leser fast in allen Sprachbüchern und in der Literatur zum Aufsatzunterricht, die sich ausführlich mit Schreibanlässen für den Grundschulunterricht befasst.

Die Kinder entwickeln das Thema selbst

Letztendlich werden Sie genau wie ich feststellen, dass Sie zu jedem Sach-Sprachthema ein Aufsatzthema zu allen Textsorten finden können: Es lässt sich immer etwas zum Thema Erlebtes oder Erdachtes aufschreiben, etwas (auch nach Vorgaben) erzählen oder fantastisch weiterspinnen, einen Leser zu etwas anregen oder verpflichten, etwas dokumentieren oder über etwas informieren.

Es lässt sich immer eine Sache oder ein Vorgang zum Thema beschreiben. Da auch immer eine spezifische Personengruppe mit einem Sach-Sprachthema verbunden ist, lassen sich natürlich auch Personen beschreiben oder an bestimmte Personen Briefe schreiben. Kinderliteratur und Lesebücher bieten zu allen Themen kleine Geschichten an, die nicht nur zu eigenen Geschichten anregen, sondern sich auch zu einer Nacherzählung eignen. Und sollten Sie einmal keine geeignete Idee zu einem Sachthema haben, dann fragen Sie doch die Kinder!

Der beste Tipp:

Das soll auch mein letzter – und bester – Tipp sein. Geben Sie einen Teil der Verantwortung und Planung an die Kinder ab. Das erleichtert nicht nur Ihnen die Arbeit, sondern macht auch den Kindern mehr Spaß. Mit dem Gefühl, bei der Aufsatzplanung und -bestimmung mit gefragt zu sein und die eigene Aufgabe selbst bestimmt zu haben, gehen die Kinder viel motivierter an die Arbeit. Wenn die Kinder keine freien Texte schreiben sollen/ können, weil sie z. B. ein gemeinsames Thema für den benoteten Klassenaufsatz suchen, können Sie wie folgt vorgehen:

Legen Sie für sich und die Kinder das derzeitige Sach-Sprachthema zu Grunde und setzen Sie die Textsorte (Erzählung, Bericht, Brief …) fest.

Z. B.: „Heute brauche ich eure Hilfe und eure guten Ideen. Wir wollen zusammen festlegen, was wir schreiben wollen. Es soll sich dabei um eine Vorgangsbeschreibung zum Thema Fliegen handeln. Eine Vorgangsbeschreibung ist ein Text, der … Kinder, die eine gute Idee haben, können sie an die Tafel schreiben. Wir stimmen anschließend ab, für welches Thema ihr euch entscheiden wollt. Dazu macht jeder hinter seinen Lieblingsvorschlag einen Strich."

Dieses Vorgehen dauert, wenn es einmal eingeführt ist, nicht lange, so dass anschließend die inhaltlichen Aspekte besprochen werden können. Durch die Bewegungsmöglichkeiten vorweg haben die Kinder dann auch genug „Sitzfleisch" um einer Besprechung zu folgen.

Themensuche beim freien Schreiben

Anmerkung und Leseverweis: Wie ich im Kapitel *Freies Schreiben oder systematischer Aufsatzunterricht* beschreiben werde, findet die Themenfindung beim *freien Schreiben* auf ganz andere Weise statt. Hier besteht kein gemeinsames Produktionsziel. Es sollen eigene Textvorstellungen entfalten, weiterentwickelt und in einem experimentellen Schreibprozess umgesetzt werden.

2. Der Entwurf

Nehmen wir an, der derzeitige Sach-Sprachunterricht befasst sich mit dem Thema Fliegen. Der Aufsatzunterricht steht noch ganz am Anfang. Es sollen zunächst die grundsätzlichen Regeln einer einfachen Erzählung erarbeitet und geübt werden. Diese sollen im weiteren Verlauf des systematischen Aufsatzunterrichtes Grundlage aller weiteren Erzähltextsorten, wie z. B. Bildergeschichte, Bildgeschichte, Geschichten beenden, Fantasieerzählung, Reizwortgeschichte … sein.

Ohne Regeln starten

Es macht wenig Sinn, den Kindern die fertigen Schreib-Tipps in die Hand zu drücken und an die Arbeit zu schicken. Die Regeln wären – auch wenn sie einfach und kindgerecht verfasst sind – für Schülerinnen zu abstrakt und nichtssagend. Mehr Sinn macht es, die Kinder diese Regeln selbst entdecken und formulieren zu lassen. Sie müssen ihre Notwendigkeit an eigenen Texten erfahren und damit auch einsehen. So verinnerlicht stellen die Schreibtippblätter dann eine Zusammenfassung dessen dar, was die Kinder für sich herausgefunden und besprochen haben. Der Lehrer erhält dadurch mehr die Funktion eines Moderators und Protokollanten, der die Kinderäußerungen in Schriftsprache übersetzt und zusammenfasst.

Mündliche Vorarbeit

Folgendes Vorgehen hat sich bewährt:
Nachdem das Thema und der Aufsatztyp vorgestellt wurde, beschreiben die Kinder mündlich ihre inhaltlichen Vorstellungen und Ideen. Dadurch erhalten schwächere Kinder Schreibideen und alle reflektieren ihre ungefähren Vorstellungen zu der Schreibaufgabe. Automatisch fließen an dieser Stelle schon gemachte Erfahrungen zu dem Aufsatztyp ein. (Andernfalls regt man durch Impulse dazu an: „Erinnert euch noch einmal an die Geschichte „X", die wir vor einiger Zeit geschrieben haben. Was war wichtig und war sinnvoll beim Schreiben zu beachten?") Wenn sich nun alle Kinder zutrauen einen Text zu der genannten Schreibaufgabe zu verfassen, geht es los. Die erste Fassung der Geschichte, die Erstschrift, entsteht.

Schreibkonferenzgruppen

Wer keine neuen Erfahrungen mit seinen Kindern scheut, möge an dieser Stelle Elemente des *freien Schreibens* ausprobieren. Voraussetzung ist dabei eine persönliche Identifizierung der Schüler mit dem Schreibziel.
Die Orientierung auf ein persönlich bedeutsames Ziel hin wirkt als Startsignal für den folgenden Prozess der Ideengenerierung und Wissensbeschaffung aus Büchern o. Ä. (vgl. Spitta, 1998, S. 31). Gemeinsam in kleineren Schreibkonferenzgruppen werden inhaltliche Vorschläge und Entscheidungen, textsortenspezifische Merkmale und Schwerpunktsetzungen abgewogen. So haben die jungen Autoren Gelegenheit, sich gegenseitig an ihren inneren, geistigen Prozessen teilhaben zu lassen und sich gegenseitig zu inspirieren. Wenn Sie die Möglichkeiten dazu haben, lassen Sie die Kinder in kleinen Schreibkonferenzen das Plenumsgespräch vorbereiten. Auf diese Weise wird jeder Autor aktiver und eigenverantwortlicher in die Arbeit miteinbezogen.

Differenzierungsmöglichkeiten beim Schreibprozess:	Der Prozess zur Erstellung der Erstschrift und der Unterrichtsverlauf kann dabei differenziert verlaufen:

1. Malen als Schreibhilfe oder Zusatzaufgabe

Kinder, denen es hilft, können erst zu ihrer Geschichte ein Bild malen und darüber ihre Fantasie aktivieren und Ideen produzieren. Das Bild kann später unter die Endfassung geklebt werden. Wer schnell schreibt oder früh mit seiner Erstschrift fertig ist, kann im Anschluss auch eine Illustration für das Endergebnis anfertigen.

2. Partnerarbeit als Schreibhilfe oder Zusatzaufgabe

Zwei Kinder können als Schreibpartner zusammenarbeiten und ihre Ideen ergänzen. Das macht Mut und man fühlt sich mit der Aufgabe nicht allein. Eine andere Möglichkeit besteht darin, schon mit einem Partner die Erstschriften zu tauschen und Schreib-Tipps zur Überarbeitung auf diese zu schreiben. Sollte es die noch schreibenden Kinder nicht stören, können sich die ersten Schreibkonferenzen zusammenfinden (siehe nächstes Kapitel).

3. Entdeckerkonferenz

Für starke Schüler oder pfiffige Entdecker könnte ein Plakat ausliegen, auf das erste Entdeckungen geschrieben werden. Hier geht es natürlich um wichtige Schreib-Tipps (z. B.: „Am Anfang der Geschichte muss man sagen, wer die Person ist, von der man erzählt.").

3. Erste Schreibkonferenz

Aus der Schreibprozessforschung

Überarbeitungsprozesse werden in der Schreibprozessforschung im Allgemeinen als das charakteristische Merkmal eines entwickelten Schreibverhaltens bezeichnet (vgl. Spitta, 1998, S. 33). Die Schüler müssen sich gedanklich auf ihr Schreib- (und idealerweise auch Motivations-) ziel zurückbesinnen. Diese Evaluierungsphase stellt einen besonders anspruchsvollen Aspekt des Schreibaktes dar (vgl. Spitta, 1998, S. 33).

Erwachsene sind weitgehend in der Lage, ihre Texte selbstständig entsprechend ihres Schreibzieles und hinsichtlich der Adressatin zu überarbeiten. Für die Kinder aber bedeutet es eine wichtige Hilfe, wenn sie durch einen Leser oder Zuhörer und seine Reaktion entsprechende Hinweise erhalten, wie sie ihr Geschriebenes verständlicher und deutlicher gestalten können. Das unterstützt den nötigen und zu leistenden Perspektivenwechsel. Hier hilft die Schreibkonferenz.

Erste Adressatenreaktion

Diese Schreibkonferenz kann stattfinden, sobald die ersten Texte fertig sind. In der Regel brennen die Kinder darauf, unmittelbar nach dem Schreiben ihren Text jemandem zu zeigen oder vorzulesen. Natürlich kann der Lehrer nicht sofort alle Arbeiten würdigen. Durch die Schreibkonferenzen muss dennoch kein Frust aufkommen:
Drei Kinder finden sich zusammen. Der erste Autor liest den Gruppenmitgliedern seine Geschichte vor. Spontan reagieren die Kinder mit Zustimmung, Verständnisfragen, aber auch mit unverblümter Kritik (die idealerweise konstruktiv in Form von Tipps geäußert werden sollte). Das Autorenkind erhält von den Zuhörern Hinweise bezüglich nötiger Änderungen, die es nach eigener Entscheidung umsetzt oder nicht.
Anschließend geht das Team gemeinsam den Text Satz für Satz durch und versucht, inhaltliche, stilistische, grammatische und orthografische Probleme zu

lösen. (Rechtschreibfehler, die den Kindern selbst auffallen, werden anhand des Wörterbuches geklärt. In der Regel findet man auch gemeinsam eher das entsprechende, „verflixte" Grundwort im Wörterbuch.)

Schreibkonferenzen beim benoteten Aufsatz

Auch bei benoteten Aufsätzen müssen die Regeln entsprechend unserer Lebenswirklichkeit gelten. Jedem Kind muss es erlaubt sein, sich in verschiedenster Weise Hilfe zur Textgestaltung zu holen, d.h. auch über die Schreibkonferenz. Schließlich verfahren auch wir Erwachsenen nicht anders beim Schreiben. Es ist eine besonders zu würdigende Leistung, wenn ein Kind in der Lage ist, Hilfsquellen zu finden und auszuschöpfen.

Wegfall der Schreibkonferenz

Wenn eine Schreibkonferenz dieser Art aus zeitlichen, organisatorischen oder disziplinarischen Gründen nicht möglich ist, leisten die Beurteilungsbögen die nötigen Hilfestellungen. Die direkte und unmittelbare Hörerreaktion der Mitschülerinnen wird durch die Leserreaktion des Lehrers und den markierten Tipps ersetzt.
Eventuelle Verständnisfragen werden an den Textrand geschrieben.

4. Schreib-Tipps entdecken und festlegen

Wenn die Geschichten fertig sind, bekommt sie der Lehrer zum Schmökern. Natürlich ist man erst einmal sehr neugierig auf die Ideen und Lösungen der Kinder. In erster Linie bedeutet aber diese Zwischenstation beim Lehrer die nötige Rechtschreibkorrektur ohne wesentliche inhaltliche Veränderungen. Dabei erfolgt auch die Auswahl von Texten, die für die Herausarbeitung der Schreibregeln und -tipps sinnvoll ist.

Die große Schreibkonferenz: 1. Textvortrag

Nun kommt die große Aufsatzkonferenz mit den Kindern. Mit Einverständnis der betroffenen Kinder (– ganz wichtig! –) liest das Autorenkind oder der Lehrer die ausgewählten Texte vor. Das Vorlesen einer Geschichte durch einen geübten Leser (Lehrer) kann diese genauso erhöhen wie ein kostbarer Rahmen um ein selbst gemaltes Bild. Die Kinder haben allen Grund stolz auf ihr Werk zu sein und können anschließende Tipps unbeschwerter entgegennehmen. Die

2. Verständnisfragen, Lob und Tipps

Schüler reagieren meist spontan und signalisieren Verständnisprobleme mit direkten Kommentaren oder Fragen. Dann haben die Kinder die Aufgabe, alle positiven Elemente der Geschichte hervorzuheben und schließlich Überarbeitungstipps zu geben. Oft erfolgen diese Tipps aber schon ganz spontan beim Zuhören („Wer ist denn Godo?" „Du sagst aber oft 'und dann' …" „Wie geht die Geschichte zu Ende?" „Wie kommen die Helden überhaupt in die Höhle?")

3. Allgemeine, immer wiederkehrende Tipps in Regeln umformulieren

Aus diesen Fragen zu einem konkreten Text ergeben sich die Schreib-Tipps für alle. Zu Beginn der Aufsatzerziehung bedarf es dazu noch einiger Impulse.
Z. B.: „Ihr wollt wissen, wer Godo ist, damit ihr die Geschichte verstehen könnt. Wir anderen müssen auch etwas in dieser Hinsicht beachten, damit andere unsere Geschichte nachvollziehen können. Das wollen wir als Schreib-Tipps festhalten."
„Am Anfang ist es sinnvoll zu sagen, wer die Leute sind, von denen man erzählt."
„Ich schreibe das mal als Schreib-Tipp auf: …"

Beginne eine Geschichte mit einem Einleitungssatz!
Darin soll stehen:

WER die Hauptpersonen sind,

WO sie sich befinden,

WANN sich die Geschichte abspielt ...

4. Bekannte, alte Schreibregeln ergänzen

Auf diese Weise können neue Schreib-Tipps und -regeln erfahren und mit Sinn gefüllt werden. Alte Schreibregeln werden wieder in Erinnerung gerufen und zu den neuen ergänzt (oder umgekehrt).

Alternative Schreibkonferenzen

Wer sich und seiner Klasse einen offeneren Entdecker-Unterricht zutraut, kann einige Aufsätze kopieren – natürlich nur mit Einverständnis der Schreiber – und diese in Kleingruppen geben. Die Gruppenmitglieder besprechen den Text und schreiben Schreib-Tipps für alle Kinder der Klasse auf ein Plakat („Darauf müssen wir beim Schreiben einer Geschichte achten! ...") Die kopierten Aufsätze haben die Funktion, den einzelnen Kleingruppen zu helfen, mögliche Textprobleme zu erkennen und Regeln und Tipps daraus abzuleiten.
Noch besser ist es, die Kinder Schreibkonferenz-Gruppen bilden zu lassen und diese zu beauftragen, die oben genannte Aufgabe mit ihren eigenen Texten auszuführen. Die eigenen Texte sind weitaus interessanter und erfahren so eine weitere kritische Würdigung.
Bei einer solchen offeneren Form der Aufsatzerziehung kommen u. U. viele Tipps zusammen. Deshalb müssen später die wichtigsten Regeln herausgefiltert werden, damit eine zu große Vielfalt nicht verwirrt. Die festgehaltenen Tipps bilden beim benoteten Aufsatz die Grundlage der Bewertung.

Alternativ könnte man hier auch selbst einen fehlerhaften, unverständlichen Musteraufsatz schreiben, bei dem man ganz gezielt alle wichtigen Schreib-Tipps außer Acht lässt. Auch auf diese Weise können die Kinder die Wichtigkeit der einzelnen Haupt-Tipps erkennen und einsehen. Die Arbeit an den eigenen Texten ist jedoch die interessanteste und sinnvollste.

Schreib-Tipp-Bögen

Die vorliegenden Schreibtippbögen können auf diese Weise erarbeitet werden oder dienen als Orientierungshilfe für eine klasseneigenes Tipp-Blatt.

5. Überarbeitung der Erstschrift

1. Eigenkontrolle

Zuerst muss jeder Schüler seine Geschichte auf die erarbeiteten und verbindlichen Schreibregeln bzw. -Tipps hin untersuchen. Bewährt hat sich folgendes Vorgehen:
Der Schüler liest den ersten Tipp. Nun arbeitet er seine Geschichte allein auf diese Regel hin durch oder sucht und überprüft die entsprechende Textstelle (z. B. Einleitungssatz). Meint er den Tipp beachtet zu haben, hakt er ihn auf dem Schreibregelbogen ab. Dann kommt der zweite Tipp an die Reihe. Hier bietet sich die Partnerarbeit an. Die beiden Partner können sich bei kleinen Problemen schnell beraten. Das entlastet natürlich auch den Lehrer in seiner Beratungstätigkeit.

2. Partnerarbeit/Schreibkonferenz

Im Anschluss empfiehlt sich das Austauschen der Geschichten mit einem oder mehreren Partnern. Dieser hakt noch einmal jeden einzelnen Schreib-Tipp ab. So erfahren die Schülerinnen noch einmal die Sicht und das Verständnis eines anderen Lesers, der die Geschichte natürlich nicht so vor seinem inneren Auge hat, wie man selbst. Ferner erfahren die Texte eine weitere Würdigung.

Lehrerkorrektur und Unterrichts-planung

An dieser Stelle liest auch der Lehrer noch einmal, was die Schüler überarbeitet haben. Zum einen kann er zu den einzelnen Tipps noch einen Überarbeitungs-hinweis und Anregungen aus der Leserperspektive geben. Zum anderen stellt er auf diese Weise fest, ob die Kinder die Schreib-Tipps verstanden haben, diese angemessen waren und ob noch ein Tipp besonders erklärt und geübt werden muss. Das Zweitlesen bestimmt also die weitere Unterrichtsplanung und die folgenden Übungseinheiten zu bestimmten Schreib-Tipps.

6. Zweitschrift

Abschrift

Nach der letzten Überarbeitung folgt eine kleine Verschnaufpause für den Lehrer. Die Kinder schreiben ihre überarbeiteten Geschichten auf das schon teilweise mit Bildern vorbereitete Veröffentlichungsblatt (z. B. ein selbst gestal-tetes Schmuckblatt) ab. Gebraucht wird der Lehrer hier eher selten.

Würdigung der Ergebnisse

Es gibt viele Möglichkeiten, die fertigen Werke zu würdigen:
· Man kann sie häppchenweise vor der Klasse vorlesen lassen, an die Seitenwand heften und ausstellen (z. B. an einer Litfaßsäule – zwei große mit Packpapier umwickelte Kartons),
· zu einem Büchlein binden und in der Leseecke allen Kindern zugänglich machen,
· eine Schmökerstunde einrichten, in der alle Geschichten ausgelegt, aus-getauscht, ausgeliehen und gelesen werden können (– meine favorisierte Lösung –)
· und vieles mehr, das man u. a. bei Eva Maria Kohl (Volk und Wissen Verlag, Berlin) nachlesen kann.

7. Der bewertete Klassenaufsatz

Textqualität und Überarbeitungsfä-higkeit als Notengrundlage

Grundsätzlich gilt, dass die Schüleraufsätze nicht nur aufgrund ihrer Textqua-lität beurteilt werden dürfen, sondern auch die Überarbeitungsfähigkeit der Kinder eine wichtige Rolle bei der Notenfindung spielen muss. Somit erhalten die Kinder eine Vornote für ihren Text. Hier wird nur benotet, was vorher an Schreib-Tipps vereinbart und geübt wurde. Rechtschreibung fließt nicht in die Notengebung ein (Dafür haben wir die Diktate bzw. die sonstigen Recht-schreibüberprüfungen).

Bewertung der Erstschrift

Die zur Aufsatzaufgabe verfasste Erstschrift wird vom Lehrer zunächst einmal orthografisch korrigiert.
Bei der Lehrerkorrektur unter Beteiligung der Beurteilungsbögen verbleibt es aber nicht bei einer vordergründigen Textkosmetik, die das Geschriebene in gutes Deutsch umwandeln soll. Sie soll dem Schüler vielmehr helfen, seine Schreibabsicht erfolgreich umzusetzen. Sie dient zur Unterstützung des zu leistenden Perspektivenwechsels hinsichtlich des Adressaten, bei dem das Ge-schriebene ein bestimmtes Ziel (unterhalten, fabulieren, informieren, zu etwas anregen oder verpflichten, etc.) erreichen soll.

Jedes Kind erhält mittels der Beurteilungsbögen zu jedem vereinbarten Schreib-Tipp einen Kommentar. Entweder wird gelobt, wenn es ihn gut umgesetzt hat, oder es erfolgt ein Überarbeitungshinweis mit einer konkreten Arbeitsanweisung.
Verständnisprobleme werden weiterhin am Textrand markiert.

Vornote

Für jeden umgesetzten oder teilweise umgesetzten Schreib-Tipp gibt es entsprechend seiner Gewichtung eine gewisse Punktzahl. Sollten Sie in Ihrem Aufsatzunterricht bestimmte Schreib-Tipps besonders intensiv geübt haben, können Sie die zu diesen Tipps gehörige Punktzahl auf dem Beurteilungsbogen erhöhen. Das heißt, es steht jedem Kollegen frei, die Punktgewichtung auf den Bögen in seinem Sinne zu verändern. Die vorgeschlagene Punkteverteilung erscheint mir aber sehr sinnvoll und hat sich auch in der Praxis bewährt.

Bewertung der Zweitschrift

Die Punkte werden schließlich addiert. Die Summe entspricht einer bestimmten Note (ähnlich einem bepunkteten Rechentest). Die Punkteverteilung kann unter anderem davon abhängig sein, wie gründlich zuvor geübt wurde.

Überarbeitung

Der Klassenaufsatz wird nun überarbeitet. Die Kinder lesen eine Schreibregel nach der anderen und überarbeiten ihre Werke dementsprechend. Damit der Lehrer beim Zweitlesen keine Überarbeitung übersieht, empfiehlt es sich, die geänderten Textstellen von den Kindern mit einem Buntstift unterstreichen zu lassen. Das hat den angenehmen Nebeneffekt, dass die Schülerinnen genau sehen, ob und wie viel sie an ihrem Text gearbeitet haben. Das „Unterstreichenmüssen" verhindert somit ein bloßes Abschreiben der Erstschrift.

Endnote

Der Aufsatz kann sich nach der Überarbeitung um eine ganze oder halbe Note verbessern, wenn der Schüler die Überarbeitungshinweise ganz oder größtenteils umgesetzt hat. Die Note bleibt unverändert, wenn die Hinweise nur teilweise oder vereinzelt berücksichtigt wurden. Die Bewertung verschlechtert sich um eine oder eine halbe Note, wenn die Arbeitsanweisungen kaum oder gar nicht beachtet wurden.

8. Beurteilungsbögen: Genaue Textanalyse für Lehrer, Schüler und Eltern

Nicht nur die Kinder haben letztendlich anhand des Beurteilungsbogens eine genaue Analyse ihres Aufsatzes, sondern auch die Eltern erhalten eine detaillierte Übersicht über die erwarteten und geleisteten Fähigkeiten. Ferner wissen sie genau, worauf sie bei den nächsten Hausaufsätzen ihres Kindes achten müssen und wo geholfen werden kann. Sie werden erstaunt sein, wie positiv die Eltern auf diese Bewertungs- und Unterrichtstransparenz reagieren. Auch den Eltern ist es überaus angenehm, ihren Kindern gegenüber nicht mehr als unwissend und hilflos dazustehen.

Freies Schreiben oder systematischer Aufsatzunterricht?

Basis und Grundprinizip des Aufsatz-
unterrichts

Aufsatzunterricht besteht aus zwei wichtigen Bereichen: Zum einen aus dem in diesem Band repräsentierten systematischen Aufsatzunterricht und dem Bereich des *freien Schreibens.*

Das heißt, dass das Schreiben von Bildergeschichten, Nacherzählungen, Berichten … nur ein Bereich des Textverfassens in der Primarstufe ist. Mit Textsorten aus dem Bereich der linear-logischen, systematischen Produktionsprozesse (z. B. Gebrauchsanweisungen) regen wir eine linksdominante Gehirntätigkeit an (vgl. Spitta, 1998, S. 32 f.).

Basis und Grundprinzip des Aufsatzunterrichtes sollte das *freie Schreiben* sein. So fordern und fördern wir bei dieser Form der Aufsatzerziehung kreativ-unorthodoxe, eigensystematische Produktionsprozesse, die die so oft vernachlässigte rechtsdominante Gehirntätigkeit anregen.

Freies Schreiben – Wie funktioniert
das?

Beim *freien Schreiben* erhalten die Kinder die Chance, eigene Textvorstellungen zu entdecken. Sie lernen dabei eigene Schreibideen zu entwickeln, indem sie z. B. das Material aus der Klassenbibliothek sichten und daraus ihre Textvorstellung entfalten. Jeweils drei bis vier Kinder halten eine Schreibkonferenz ab. Das jeweilige Autorenkind trägt seinen Text vor. Die anderen klären Verständnisfragen, loben, geben Tipps und gehen mit dem Autor Satz für Satz durch. Die Entscheidung, ob die Überarbeitungshinweise der anderen Kinder aufgegriffen werden, liegt allein beim Autor. Rechtschreibprobleme werden anhand des Wörterbuchs geklärt. Der Lehrer berät nur, wenn er darum gebeten wird. Die Verantwortung für den Schreibprozess übernimmt ausschließlich das Autorenkind. Ist der Schreiber mit seinem überarbeiteten Entwurf fertig, liest der Lehrer den Text. Auch jetzt wird dem Autor seine Verantwortung und das Recht auf seine eigenen Textentscheidungen nicht beschnitten. Die Lehrerin korrigiert nur orthografische und grobe grammatikalische Fehler. Der Text wird auf ein Veröffentlichungsblatt übertragen und vorgelesen, ausgestellt oder auf andere Weise Lesern oder Hörern zugänglich gemacht. Die Reaktion der Leser oder Zuhörer ist schließlich die letzte Erfahrung des Autors, anhand derer er Erkenntnisse für sein nächstes Textschaffen und seine weiteren Schreibprozesse gewinnt. (Wertvolle Informationen und Anregungen zum *freien Schreiben* können Sie u. a. den Veröffentlichungen von Gudrun Spitta entnehmen, siehe Kommentierte Bibliografie.)

Noten und freies Schreiben

Auch diese Form der Textproduktion ist bewertbar, bietet sich aber für eine benotete Klassenarbeit weniger an.

Möchte man *freies Schreiben* als alleinige Unterrichtsform und als Basis einer Benotung einsetzen, bedeutet das für den Lehrer, dass er die Entwicklung der Schüler über ein Halbjahr beobachtet und den Entwicklungsfortschritt bewertet. Dem Lehrer muss es dabei erlaubt sein, die einzelnen Texte nicht in Form einer Klassenarbeit zu benoten. Leider ist es nicht an allen Schulen und in allen Bundesländern möglich, grundsätzlich auf Klassenarbeiten im herkömmlichen Sinne zu verzichten (Stichwort: Vergleichsarbeiten in NRW und anderen Bundesländern).

Bewertung versus Chance zur eigenen
Zielbildung

Dass sich das *freie Schreiben* weniger zur Benotung anbietet, liegt nicht nur daran, dass diese Form des Aufsatzschreibens nicht so griffig und „vergleichsarbeitentauglich" ist, wie der systematische Bereich der (schwerpunktmäßig linear-logischen) Textproduktion mit einem gemeinsamen Produktionsziel. Vielmehr würde eine Benotung des freien Schreibens das so wesentliche Element des Schreiblernprozesses der eigenen Motivation und Zielbildung stören. Die Kinder sollen hier ja eben nicht für das extrinsische Ziel „gute Note" arbeiten. Vielmehr soll hier durch die innere Bereitschaft und eine Zielvorstellung das Gehirn anfangen, eigene, nicht den Lehrererwartungen angepasste Textplanungsgedanken, zu entwickeln. Evaluation und Überarbeitung sind der freien Entscheidung des Autors überlassen, um eigene Erfahrungen hinsichtlich seines Schreibprozesses zu gewinnen.

Konsequenz am Beispiel „Gliederungsformen"

Das *freie Schreiben* führt auch zu Konsequenzen hinsichtlich des Umgangs mit den Gliederungsformen: Gliederungsformen, die Texte in Einleitung, Hauptteil und Schluss einteilen, werden in der neueren Fachdidaktik als unliterarisch kritisiert. Beim *freien Schreiben* sollte auf diese und andere Schreibregeln verzichtet werden. Schließlich entscheidet der Autor über Art und Form seines Textes. Innerhalb der Schreibkonferenz und beim Vorlesen überprüft er automatisch, ob diese und andere Schreibregeln und -Tipps notwendig sind, um sein Textproduktionsziel für sich und beim Hörer zu erreichen.

Ist systematischer Aufsatzunterricht unnötig?

Bei den unbestrittenen Vorzügen des *freien Schreibens* erhebt sich nun die Frage, ob man nicht (bei wegfallendem Notenzwang) gänzlich auf den systematischen Aufsatzunterricht verzichten sollte?
Freies Schreiben allein kann nicht die Bandbreite der schulischen und außerschulischen Anforderungen abdecken. Die Behandlung der klassischen linear-logischen Aufsatzformen haben – nicht nur im Hinblick auf die weiterführenden Schulen – ihren wichtigen Stellenwert in der Primarstufe. Spätestens im (dritten/) vierten Schuljahr sollten sich die Kinder neben dem *freien Schreiben* auch systematisch und gezielt mit der Palette der Textsorten und deren spezifischen Merkmalen auseinander setzen. Sie müssen ferner in der Lage sein, einen Gebrauchstext o. Ä. zu gestalten, unabhängig davon, ob er im Moment ihren persönlich bedeutsamen Zielen und ihrer Schreibmotivation entspricht. Auch diese Textsorten gehören zur Erfahrungswelt und Lebenswirklichkeit der Kinder und dürfen nicht ausgeklammert werden.

Experimentieren beim freien Schreiben mit dem Gelernten aus dem systematischen AU

Beim parallel zum systematischen Aufsatzunterricht stattfindenden *freien Schreiben* können und sollen die Kinder mit dem Gelernten experimentieren und sich frei entscheiden, was sie von dem bekannten Handwerkszeug gezielt für die Verwirklichung ihrer Textvorstellung einsetzen wollen. Bewährt sich die Entscheidung hinsichtlich der Zielvorstellung nicht, ist es ihre persönliche und wertvolle Erfahrung.

Konsequenz am Beispiel: „Gliederungsformen"

Im Rahmen des breit angelegten Aufsatzunterrichtes setzen sich die Kinder im systematischen Bereich mit Stilmitteln wie Gliederungsformen auseinander. Die Kenntnis und Fähigkeit damit umzugehen, erhöht das Repertoire der Möglichkeiten der Kinder. Diese können sich letztendlich beim *freien Schreiben* bewusst für oder gegen eine solche Gliederung ihres Textes entscheiden.

Sinnvolle Schreibregeln und -Tipps

Die Schreibregeln bezwecken nichts anderes als dem Schreiber zu helfen, sein persönliches Schreibziel (auch in Hinsicht auf den Adressaten) erfolgreich umzusetzen.

Sie wollen nicht den intellektuell wertvollen eigenen Evaluations- und Überarbeitungsprozess unterdrücken, sondern nach Ausschöpfung der eigenen Fähigkeiten zur weiteren Fortsetzung und Verfeinerung beitragen.

Ferner helfen die Schreib-Tipps dem Autorenkind dann weiter, wenn es nach der eigenen Überarbeitung an einem toten Punkt angekommen ist. Im Schulalltag muss man schließlich feststellen, dass nicht alle Schüler auch unter idealen Voraussetzungen (hochmotivierender Schreibanlass mit bedeutendem persönlichen Ziel) in der Lage und willens sind, die nötige Anstrengungsbereitschaft aufzubringen, in einer geistig hochkomplizierten Arbeitssituation, die angefangene Überarbeitungsarbeit konsequent zu Ende zu führen. An einem bestimmten Punkt der Arbeit haben die Kinder einfach genug. Sie benötigen neuen Schwung und Orientierungspunkte, wie sie den Kindern durch die konkreten Arbeitsaufträge der Schreib-Tipp- und Beurteilungsbögen gegeben werden.

Der „tote Punkt"

Fazit

„Sowohl-als-auch" statt „Entweder-oder". Freies Schreiben, Schreibprojekte, angeregtes und angeleitetes Schreiben können und sollten sich bei der Textproduktion in der Grundschule ergänzen. In diesem Zusammenhang integriert sich schließlich noch das Schreiben von Unterrichts- und Lerntexten, das Überarbeiten von Texten und die Rechtschreibaufgaben.

Schreib-Tipps und Beurteilungsbögen mit praktischen Beispielen

Auf den folgenden Seiten finden Sie Arbeitsvorlagen für Sie und Ihre Kinder. Nach einem Arbeitsblatt mit den Schreibregeln bzw. Schreib-Tipps zu einem bestimmten Aufsatztyp folgt jeweils der entsprechende Beurteilungsbogen.

Schreib-Tipps reduzieren

Auch wenn sich die hier abgedruckten Beurteilungsbögen bei mir und meinen Kolleg/innen in dieser Form bewährt haben, mag der eine oder die andere von Ihnen sich am Anfang der Aufsatzarbeit auf weniger als die hier aufgeführten Regeln/Tipps beschränken. Besonders, wenn man schon in der zweiten Klasse die ersten Schreib-Tipps oder -regeln auf einem Merkblatt festhalten möchte, empfiehlt es sich, nicht mehr als drei oder vier Anfangsregeln zu präsentieren und verbindlich abzuverlangen.

Eigene Tipp-Arbeitsblätter erstellen

In diesem Zusammenhang biete ich Ihnen einen Baukasten zum „Selberbauen" an:

- Kopieren Sie die Seite 39. Dann können Sie die ausgewählten Schreibregeln (oder Ihre Variante der Regeln) auf das Blatt schreiben.

- Weniger Arbeit haben Sie, wenn Sie die entsprechenden Schreib-Tipps aus der kopierten Vorlage ausschneiden und direkt auf das kopierte Baukastenblatt kleben.

- Die Kinder können auch selbst die herausgefundenen Regeln oder Tipps eintragen oder abschreiben. Die erarbeiteten Schreib-Tipps sind dann die Grundlage für Ihren eigenen Bewertungsbogen.

- Letztendlich kann die Baukastenvorlage auch eine Anregung für die Gestaltung eines eigenen Regelblattes oder Merkplakates für den Klassenraum sein.

- Möchten Sie vorerst noch auf Schreib-Tipp-Blätter und Beurteilungsbögen in Ihrer Klasse verzichten, lassen sich die Vorlagen als Formulierungshilfe für den eigenen Kommentar unter den Schülertexten nutzen.

- Schließlich ist es möglich, die zusammengestellten Regeln als Auswahlkatalog für die Planung und den Aufbau der eigenen Unterrichtsreihe und der entsprechenden Übungsarbeitsblätter zu gebrauchen.

Am Ende dieses Kapitels finden Sie schließlich Beispiele aus der Praxis.

Gute Besserung!

Ich hoffe, die Bewertungsbögen erleichtern Ihnen die Arbeit und helfen Ihnen, das richtige Bewertungskonzept zu finden. Ich wünsche allen Kollegen und Leidensgenossen ein neues, leichteres Gefühl bei und nach der Aufsatzkorrektur und damit verbunden mehr Spaß am Aufsatzunterricht!

 # Schreib-Tipps für ein Rezept

1. Beginne mit einer **Überschrift,** die genau sagt, was zubereitet werden soll.

2. Liste die benötigten **Zutaten** mit der entsprechenden Mengenangabe auf. Anschließend listest du die erforderlichen **Küchengeräte** auf.

3. Entscheide dich, in welcher **Personalform** du das Rezept-aufschreiben willst, in der …

   „Ich"-Form   oder in der
   „Du"-Form   oder in der
   „Man"-Form.

4. Erkläre nun Schritt für Schritt, wie man bei der Zubereitung vorgehen muss. Halte die genaue **Reihenfolge** ein.

5. Vermeide Wortwiederholungen und wechsle die **Satzanfänge.**
   Folgende Wörter können dir helfen: zuerst

   danach

   nun

   dann

   anschließend

   jetzt

   schließlich

   zum Schluss

Tipps:

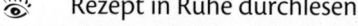 Rezept in Ruhe durchlesen!

Schwierige Wörter im Wörterbuch nachschlagen!

 Schreib-Tipps der Reihe nach im Text überprüfen! (Erledigtes abhaken!)

 Schreibkonferenz mit einem oder mehreren Partnern durchführen!

Aufsatz: Rezept

Name: _____ Datum: _____

 **Die Schreib-Tipps konntest du schon folgendermaßen umsetzen:**

---

1. Überschrift

☐ Du beginnst mit einer Überschrift, die genau sagt, was zubereitet werden soll. Toll!

☐ Du musst noch eine Überschrift für dein Rezept finden.

☐ Wähle eine Überschrift, die zu deinem Rezept passt und genau sagt, was zubereitet werden soll.　☐ /1

---

2. Zutaten

☐ Du hast die Zutaten vollständig untereinander aufgelistet. Prima!

☐ Du musst deine Zutatenliste / deine Mengenangaben / deine Liste der Küchengeräte vervollständigen.

☐ Wenn du die Zutaten untereinander schreibst, wird die Liste für den Leser übersichtlicher.　☐ /1

---

3. Personalform

Deine einmal gewählte Personalform hältst du

☐ ganz　☐ noch nicht immer　☐ wenig　… konsequent ein.　☐ /1

---

4. Reihenfolge

☐ Du hast genau und in der richtigen Reihenfolge erklärt, wie man bei der Zubereitung vorgehen muss. Super!

☐ Überprüfe noch einmal die einzelnen Arbeitsschritte bei der Zubereitung. Hier fehlt noch etwas.

☐ Die Reihenfolge bei einer Vorgangsbeschreibung ist überaus wichtig. Überprüfe noch einmal in deinem Rezept, welcher Arbeitsschritt zuerst kommen muss und welche dann folgen.　☐ /3

---

5. Satzanfänge

☐ Du vermeidest Wiederholungen und wechselst deine Satzanfänge. Klasse!

☐ Die mit „W" markierten Wörter wiederholen sich. Ersetze sie durch andere Wörter.

☐ Wenn sich die Satzanfänge wiederholen, klingt ein Text langweilig. Schau dir noch einmal die Liste mit den Satzanfangswörtern an. Setze sie dort ein, wo du einen Satzanfang zweimal benutzt hast.　☐ /2

☐ /8

Vornote:

Die Überarbeitungshinweise wurden _____ aufgegriffen und genutzt.

Endnote:

Unterschrift der Eltern:

Schreib-Tipps für eine Erzählung

1. Beginne deine Geschichte mit einem **Einleitungssatz.** Darin sollen stehen:

   WER   die Hauptpersonen sind,

   WO   sie sich befinden,

   WANN   sich die Geschichte abspielt.

2. Erzähle in **allen Einzelheiten** WAS geschieht. Nur dann können andere Leser deine Geschichte gut verstehen und nachvollziehen.

3. Schließlich kommt der **Höhepunkt** in deiner Geschichte. Das ist der spannendste Moment. Ihn musst du ausführlich beschreiben. Dazu kannst du:

   Gefühle und Gedanken beschreiben,   *(Peter zitterte vor Angst. Ein kalter Schauer lief ihm über den Rücken. „Wo kann ich mich nur verstecken?", ging es ihm durch den Kopf.)*

   Frage- und Ausrufesätze verwenden,   *(„Ob ich hinter der alten Truhe sicher bin?" Laut schreit er: „Hilfe!")*

   Wörtliche Rede benutzen.   *(„Wo steckst du denn, Peter?" „Hier, hinter der Truhe!")*

4. Wechsle die **Satzanfänge!**
   (Verwende auch diese Satzanfangswörter:
   plötzlich, jetzt, auf einmal, nun, schließlich, endlich, später …)

5. Wähle eine **Überschrift,** die neugierig macht, aber nicht zu viel verrät!

Tipps:

     Erzählung in Ruhe durchlesen!

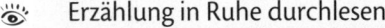   Schwierige Wörter im Wörterbuch nachschlagen!

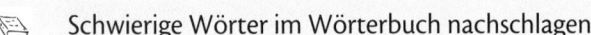   Schreib-Tipps der Reihe nach im Text überprüfen! (Erledigtes abhaken!)

    Schreibkonferenz mit einem oder mehreren Partnern durchführen!

Aufsatz: Erzählung   Name: _____   Datum: _____

 **Die Schreib-Tipps konntest du schon folgendermaßen umsetzen:**

---

1. Einleitungssatz

☐ Dein Einleitungssatz führt den Leser gut in die Geschichte ein. Toll!

☐ Du musst noch   ☐ die Hauptperson(en) genauer vorstellen.

☐ schreiben, wo sich die Personen befinden.

☐ erwähnen, wann deine Geschichte spielt.   ☐ /3

---

2. Hauptteil

☐ Du erzählst die Geschichte in vielen Einzelheiten. Man kann gut verstehen und nachvollziehen, was geschieht. Super!

☐ An den markierten Stellen kann ich die Geschichte noch nicht verstehen. Schreibe die Stellen noch genauer.

☐ Deine gute Idee wird für den Leser noch nicht verständlich. Schreibe deine Geschichte nochmals genauer auf.   ☐ /3

---

3. Höhepunkt (in deiner Geschichte mit H markiert)

☐ Du hast deinen Höhepunkt spannend ausgestaltet. Klasse!

☐ Gestalte deinen Höhepunkt (= „H") noch spannender. Beschreibe Gefühle oder Gedanken, verwende Frage- oder Ausrufesätze oder benutze wörtliche Rede!   ☐ /3

---

4. Satzanfänge

☐ Du hast viele verschiedene Satzanfänge benutzt. Toll!

☐ Wechsele häufiger die Satzanfangswörter, indem du den Satz umstellst oder die Satzanfangswörter benutzt.   ☐ /3

---

5. Überschrift

☐ Du hat eine treffende Überschrift gewählt, die nicht zu viel von der Geschichte verrät. Prima!

☐ Überlege dir noch einmal eine Überschrift, die

☐ nicht zu viel verrät.

☐ zur Geschichte passt.   ☐ /2

☐ /14

Vornote:

Die Überarbeitungshinweise wurden   aufgegriffen und genutzt.

Endnote:

Unterschrift der Eltern:

Schreib-Tipps für eine Nacherzählung

1. Schreibe in deinem **Einleitungssatz**

WER oder WAS (Hauptperson/Held)

WANN und (vor vielen Jahren, nachts, an einem besonderen Tag …)

WO etwas tut! (Ort, an welchem sich deine Hauptperson befindet)

2. Erzähle nur **das Wichtigste!**

Tipp: Notiere dir vor dem Aufschreiben die wichtigsten Stichwörter.

3. Lasse alle überflüssigen und **störenden Einzelheiten** weg!

Tipp: Lies deine Stichwörter nun noch einmal durch und streiche alle unwichtigen heraus.

4. Erfinde keine Geschichtenteile hinzu!

5. Beachte die genaue **Reihenfolge** der Ereignisse in der vorgegebenen Geschichte!

Tipp: Betrachte deine Stichwörter und bringe sie gegebenenfalls in die richtige Reihenfolge. Du kannst auch deine Stichwörter im Text unterstreichen und die Reihenfolge der Geschichte mit deiner vergleichen.

6. Schreibe in gleich bleibender **Personalform.**

Schreibe in der ICH-Form oder in der ER-Form.

7. Wie gute Musik muss auch ein geschriebener Text gut klingen. Deshalb sind auch unsere **Grundregeln zur Textgestaltung** wichtig:

a) Verwende **treffende Verben und Adjektive!**

b) Achte auf **wechselnde Satzanfänge** und vermeide Wiederholungen!

Tipp: Oft gelingt das schon, wenn du den Satz „verdrehst", d.h. Satzbau und Satzgefüge veränderst.

c) Setze die **wörtliche Rede** ein und verwende spannungserzeugende **Ausrufe- und Fragesätze!**

d) Halte die **Erzählzeit** (Vergangenheit) ein!

Tipps:

 Nacherzählung in Ruhe durchlesen!

Schwierige Wörter im Wörterbuch nachschlagen!

Schreib-Tipps der Reihe nach im Text überprüfen! (Erledigtes abhaken!)

Schreibkonferenz mit einem oder mehreren Partnern durchführen!

Aufsatz: Nacherzählung

Name: _____ Datum: _____

Die Schreib-Tipps konntest du schon folgendermaßen umsetzen:

1. Einleitungssatz

☐ Dein Einleitungssatz führt den Leser gut in die Geschichte ein. Toll!

☐ Du musst noch ☐ die Hauptperson(en) genauer vorstellen.

☐ schreiben, wo sich die Personen befinden.

☐ erwähnen, wann die Geschichte spielt. ☐ /3

2. Inhalt der Nacherzählung

☐ Du hast nur das Wichtigste erzählt, überflüssige Einzelheiten weggelassen und nichts dazu erfunden. Spitze!

☐ Achte bei der Überarbeitung auf folgende Punkte:

☐ Erzähle nur das Wichtigste! Lasse alle überflüssigen und störenden Einzelheiten weg. Textstellen, bei denen am Rand T3 (= Tipp 3) steht, musst du überarbeiten. Kürze sie sinnvoll oder streiche sie ganz!

☐ Erfinde keine Einzelheiten hinzu! Textstellen, die mit T4 markiert sind, musst du sinnvoll kürzen oder streichen.

☐ Deine Nacherzählung muss alle wichtigen Elemente beinhalten. Bei den mit T2 gekennzeichneten Textstellen fehlt noch etwas. Überlege, was es ist und füge es hinzu! ☐ /3

3. Reihenfolge

☐ Du hast in deiner Nacherzählung die genaue Reihenfolge der Geschichte beachtet. Klasse!

☐ Achte auf die genaue Reihenfolge der Ereignisse. Lies deinen Text noch einmal genau und überarbeite die mit T5 gekennzeichneten Stellen! ☐ /3

4. Personalform

☐ Du hältst die einmal gewählte Personalform ein. Prima!

☐ Du wechselst im Text die Personalform. Überarbeite die mit T6 gekennzeichneten Textstellen. ☐ /3

5. Textgestaltung

a) Treffende Verben und Adjektive verwendest du

☐ häufig ☐ gelegentlich ☐ selten. ☐ /3

b) Du vermeidest Wiederholungen und wechselst deine Satzanfänge

☐ häufig ☐ gelegentlich ☐ selten. ☐ /3

c) Wörtliche Rede und spannungserzeugende Ausrufe- oder Fragesätze verwendest du

☐ an passenden Stellen ☐ wenig ☐ kaum/nicht. ☐ /3

d) Du hältst die Erzählzeit ☐ ein ☐ nicht immer ein. Korrigiere! ☐ /3

☐ /24

Vornote: _____

Die Überarbeitungshinweise wurden _____ aufgegriffen und genutzt.

Endnote: _____

Unterschrift der Eltern: _____

Schreib-Tipps für eine Reizwortgeschichte

1. Erzähle eine spannende, lustige oder traurige Geschichte, in der **alle Reizwörter** eine **wichtige Rolle** spielen.

2. Erzähle **nur ein einziges Erlebnis** und reihe nicht mehrere kurze-Geschichten aneinander.

3. Gliedere deine Geschichte in **Einleitung, Hauptteil und Schluss.**

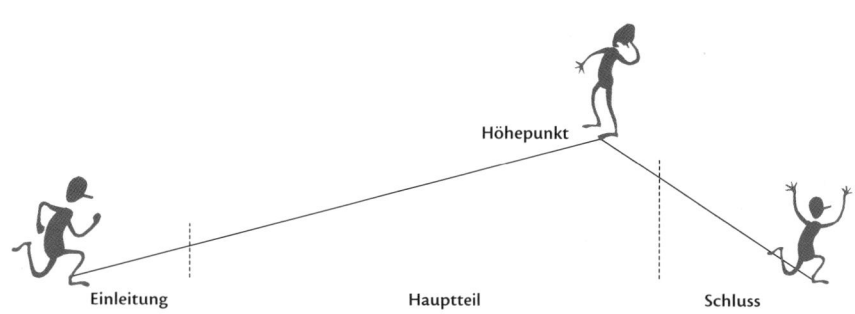

Höhepunkt

Einleitung · · · · Hauptteil · · · · Schluss

Die Einleitung führt *knapp* in wenigen Sätzen in das Erlebnis ein. Schreibe WER oder WAS, WANN und WO etwas tut. Gib deinen Hauptfiguren Namen!

Der Hauptteil stellt *ein einziges Erlebnis* oder eine Begebenheit in allen Einzelheiten dar. Erzähle dabei auf den Höhepunkt – das ist der spannendste Moment – zu.

Vor und auf dem **Höhepunkt** erzähle *ausführlich*, was die Personen sehen, sagen, denken, hören und fühlen. Gestalte ihn gründlich aus. Das macht den besonderen Reiz deiner Geschichte aus. Du kannst auch Frage- und Ausrufesätze verwenden und die wörtliche Rede benutzen.

Der Schluss rundet *in wenigen Sätzen* die Geschichte ab und verrät den Ausgang des Erlebnisses.

4. Natürlich sollen deine Sätze gut klingen. Deshalb bleiben auch die **Grundregeln zur Textgestaltung** wichtig:

   a) Verwende **treffende Verben** und viele **Adjektive!**

   b) Achte auf **wechselnde Satzanfänge** und vermeide Wiederholungen!

   c) Überprüfe den richtigen **Satzbau** durch mehrere Klangproben
   (= halblautes Vorlesen der entsprechenden Textstellen)!

   d) Schreibe in gleich bleibender **Personalform** (ICH- oder ER-Form)!

   e) Halte die **Erzählzeit** ein (Vergangenheit)!

   f) Wähle eine **Überschrift,** die passt und nicht zu viel verrät!

Tipps:

  Reizwortgeschichte in Ruhe durchlesen!

Schwierige Wörter im Wörterbuch nachschlagen!

Schreib-Tipps der Reihe nach im Text überprüfen! (Erledigtes abhaken!)

Schreibkonferenz mit einem oder mehreren Partnern durchführen!

Aufsatz: Reizwortgeschichte

Name: _____ Datum: _____

Die Schreib-Tipps konntest du schon folgendermaßen umsetzen:

1. Reizwörter

☐ In deiner Geschichte spielen alle Reizwörter eine wichtige Rolle. Prima!

☐ In der Geschichte spielt folgendes Reizwort keine wichtige Rolle: ☐ /2

2. Beschränkung auf ein Erlebnis

☐ Du erzählst nur ein einziges Erlebnis. Schön!

☐ Du reihst mehrere kurze Geschichten aneinander. Konzentriere dich auf eine einzige Begebenheit
und streiche die restlichen Erlebnisse!   ☐ /2

3. Gliederung

a) Einleitung:

☐ Deine Einleitung ist kurz und führt den Leser gut in die Erzählung ein. Toll!

☐ Du müsstest noch   ☐ die Hauptpersonen genauer vorstellen.

                      ☐ den Hauptpersonen Namen geben. Das spricht den Leser mehr an.

                      ☐ den Handlungsort beschreiben.

                      ☐ erwähnen, wann die Geschichte spielt.

                      ☐ die Einleitung kürzen. Schreibe in wenigen Sätzen WER WANN und WO etwas tut.   ☐ /2

b) Hauptteil:

☐ Du erzählst das Erlebnis in allen Einzelheiten und auf den ausführlichen Höhepunkt zu. Klasse!

☐ Du musst noch   ☐ im Hauptteil das Erlebnis in allen Einzelheiten und auf den Höhepunkt hin erzählen.

                   ☐ deinen Höhepunkt ausführlich ausgestalten. Schildere, was die Personen sehen, sagen,
denken, hören und fühlen. Verwende Frage-, Ausrufesätze und die wörtliche Rede!   ☐ /3

c) Schluss:

☐ Du rundest in wenigen Sätzen deine Geschichte ab. Toll!

☐ Achte bei deiner Überarbeitung darauf, dass du den Ausgang des Erlebnisses mit wenigen Sätzen erzählst!   ☐ /2

4. Textgestaltung

Treffende **Verben** und passende **Adjektive** verwendest du

☐ häufig   ☐ gelegentlich   ☐ selten.   ☐ /2

Du vermeidest **Wiederholungen** und wechselst deine **Satzanfänge**

☐ häufig   ☐ gelegentlich   ☐ selten.   ☐ /2

Satzbau: Deine Sätze formulierst du

☐ weitgehend   ☐ meistens   ☐ häufig noch nicht richtig.   ☐ /2

Deine einmal gewählte **Personalform** hältst du

☐ in der Regel   ☐ noch nicht ganz konsequent   ☐ kaum ein.   ☐ /1

Die **Erzählzeit** (Vergangenheit) hältst du

☐ weitgehend   ☐ noch nicht ganz konsequent   ☐ selten ein.   ☐ /1

Deine **Überschrift**

☐ macht neugierig und verrät nicht zu viel.   ☐ passt nicht zu deiner Geschichte.   ☐ verrät zu viel.   ☐ /1

☐ /20

Vornote:

Die Überarbeitungshinweise wurden   aufgegriffen und genutzt.

Endnote:

Unterschrift der Eltern:

Schreib-Tipps für einen Brief

1. **Ort und Datum** angeben! Komma nicht vergessen!

2. **Anrede** des Empfängers (Es gibt natürlich noch andere Möglichkeiten: „Hallo Klaus!" oder „Mein lieber Freund," oder „Sehr geehrter Herr Becker!" ...). Du darfst auch so beginnen: „Lieber Klaus, wie geht es dir? ..."

3. **Einleitender Satz**
Mit diesem Satz wendest du dich direkt an den Empfänger deines Briefes (hier an Klaus). Du beginnst also nicht sofort damit, etwas von dir zu erzählen oder dein Anliegen/Bitte/Wunsch vorzutragen, sondern interessierst dich für den Empfänger. Du kannst zum Beispiel fragen, wie es dem Empfänger geht oder auf einen zurückliegenden Brief eingehen oder an ein gemeinsames Erlebnis erinnern.

4. **Brieftext**
Nun beginnst du mit deinem eigentlichen Brief. Du kannst etwas erzählen, berichten, beschreiben, um etwas bitten oder zu etwas auffordern.

   Denke dabei an unsere Grundregeln zur Textgestaltung:

   – Schreibe ausführlich, genau und in einer nachvollziehbaren Reihenfolge!
   – Verwende treffende Verben und farbige Adjektive!
   – Achte auf wechselnde Satzanfänge und vermeide Wiederholungen!
   – Überprüfe den richtigen Satzbau durch mehrere Klangproben (= halblautes Vorlesen)!
   – Schreibe in gleich bleibender Personalform!
   – Die Anredepronomen Sie, Ihr, Ihnen ... müssen großgeschrieben werden.
     Sprichst du vertraute Personen an, darfst du zwischen Du/du · Dein/dein · Dir/dir · Ihr/ihr · Euch/euch Euer/euer ... wählen.

5. **Schlusssatz**
Genau wie beim einleitenden Satz gilt dein letzter Gedanke wieder dem Empfänger. Du wendest dich noch einmal an die Person, der du schreibst. Du kannst ihr zum Beispiel etwas Schönes für die nächste Zeit wünschen oder zeigen, dass du weiter an sie denkst.

6. **Grußworte**
Genau wie bei der Anrede gibt es hier viele Möglichkeiten: „Tschüss, Klaus" oder „Alles Liebe und Gute aus Krefeld" oder „Mit freundlichen Grüßen" ...

7. **Unterschrift** des Absenders
Zum Schluss deines Briefes unterschreibst du mit deinem Namen.

Krefeld, den 7.4.2006

Lieber Klaus!

Wie geht es dir? Bist du auch traurig, dass die Sommerferien vorbei sind?

Brieftext (Erzählung, Anliegen)

Ich freue mich auf ein Wiedersehen.

Viele liebe Grüße,

dein Peter

Aufsatz: Brief

Name: _____ Datum: _____

 Die Schreib-Tipps konntest du schon folgendermaßen umsetzen:

1. Ort, Datum

☐ Du hast Ort und Datum richtig angegeben. Prima!

☐ Schaue dir bitte noch einmal an, wie man Ort und Datum angibt und korrigiere! (Beispiel: Krefeld, den 7.4.2006) ☐ /1

2. Anrede

☐ Du hast eine angemessene, passende Anrede für deinen Brief gewählt. Schön!

☐ Du musst noch ☐ eine passende Anrede einfügen!

☐ ein Ausrufezeichen hinter die Anrede setzen oder

☐ ein Komma hinter die Anrede setzen und den folgenden Einleitungssatz klein beginnen! ☐ /1

3. Einleitender Satz

☐ Dir ist eine besonders gute Idee für deinen Einleitungssatz eingefallen. Klasse!

☐ Dein Brieftext beginnt mit einem passenden Einleitungssatz. Super!

☐ Füge noch einen Einleitungssatz ein, mit dem du dich direkt an den Empfänger wendest. Du könntest zum-Beispiel fragen, wie es dem Empfänger geht oder auf einen zurückliegenden Brief eingehen. Beginne dann erst mit dem eigentlichen Anliegen deines Briefes. ☐ /2

4. Brieftext

☐ Deine Erzählung führst du in vielen **Einzelheiten** und in einer verständlichen **Reihenfolge** aus. Prima!

☐ Sicher kannst du noch genauer und mit mehr Einzelheiten erzählen.

☐ Ordne das zu Erzählende so, dass der Leser gut nachvollziehen kann, was du berichtest. ☐ /3

Treffende **Verben** und passende **Adjektive** verwendest du ☐ häufig ☐ gelegentlich ☐ selten. ☐ /2

Du vermeidest **Wiederholungen** und wechselst deine **Satzanfänge**

☐ häufig ☐ gelegentlich ☐ selten. ☐ /1

Satzbau: Deine Sätze formulierst du ☐ weitgehend ☐ meistens ☐ häufig noch nicht richtig. ☐ /1

Achte auf die Klangprobe!

Deine einmal gewählte **Personalform** hältst du

☐ in der Regel ☐ noch nicht ganz konsequent ☐ kaum ein. ☐ /1

5. Schlusssatz

☐ Du hast dir einen besonders originellen und schönen Schlusssatz einfallen lassen. Klasse!

☐ Du hast einen Schlusssatz formuliert, mit dem du dich noch einmal an den Empfänger wendest. Prima!

☐ Dein Brieftext sollte nicht plötzlich enden, sondern mit einem Schlusssatz abgerundet werden. Wende dich noch einmal direkt an deinen Empfänger. Du kannst ihm zum Beispiel etwas Schönes für die nächste Zeit wünschen. ☐ /2

6. Grußworte

☐ Du beendest deinen Brief mit einem angemessenen Gruß. Schön!

☐ Füge zum Abschluss deines Briefes noch ein paar Grußworte ein! ☐ /1

7. Unterschrift

☐ Dein Brief ist mit deinem Namen unterschrieben. Super!

☐ Unterschreibe deinen Brief noch mit deinem Namen! ☐ /1

8. Anredepronomen

☐ Du hast daran gedacht, die Anredepronomen (Sie, Ihr, Ihnen) großzuschreiben. Klasse!

☐ Überprüfe noch einmal die verwendeten Anredepronomen! ☐ /1

☐ /17

Vornote: _____

Die Überarbeitungshinweise wurden _____ aufgegriffen und genutzt.

Endnote: _____

Unterschrift der Eltern: _____

# Schreib-Tipps für eine Fantasieerzählung aus veränderter Sicht

1. Erzähle eine spannende, lustige oder traurige Geschichte aus der Sicht der Hauptfigur. Schreibe in der **ICH-Form** und halte diese Personalform bei.

2. Erzähle nur **ein einziges Erlebnis** und reihe nicht mehrere kurze Geschichten aneinander.

3. Gliedere deine Geschichte in **Einleitung, Hauptteil und Schluss.**

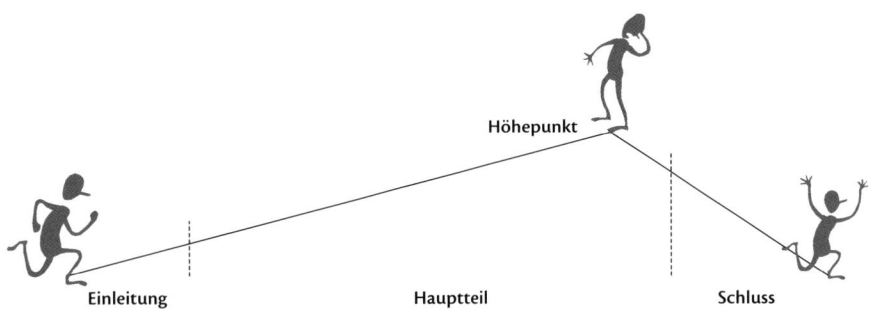

Höhepunkt

Einleitung   Hauptteil   Schluss

Die Einleitung führt knapp in wenigen Sätzen in das Erlebnis ein. Schreibe WER oder WAS WANN und WO etwas tut. Gib deinen Figuren Namen!

Der Hauptteil stellt *ein einziges Erlebnis* oder Begebenheit in allen Einzelheiten dar. Erzähle dabei auf den Höhepunkt – den spannendsten Moment – zu.
Vor und auf dem **Höhepunkt** erzähle *ausführlich*, was die Personen sehen, sagen, denken, hören und fühlen. Gestalte ihn gründlich aus. Das macht den Reiz deiner Geschichte aus. Du kannst auch noch Frage- und Ausrufesätze verwenden und die wörtliche Rede benutzen.

Der Schluss rundet *in wenigen Sätzen* die Geschichte ab und verrät den Ausgang des Erlebnisses.

4. Auch die **Grundregeln zur Textgestaltung** sind hier wichtig:
   a) Verwende **treffende Verben** und viele **Adjektive!**
   b) Achte auf wechselnde **Satzanfänge** und vermeide Wiederholungen!
   c) Überprüfe den richtigen **Satzbau** durch mehrere Klangproben
      (= halblautes Vorlesen der entsprechenden Textstellen)!
   d) Halte die **Erzählzeit** ein (Vergangenheit)!
   e) Wähle eine **Überschrift,** die passt und nicht zu viel verrät!

Tipps:

👁 Fantasieerzählung in Ruhe durchlesen!

📖 Schwierige Wörter im Wörterbuch nachschlagen!

📝 Schreib-Tipps der Reihe nach im Text überprüfen! (Erledigtes abhaken!)

😊 Schreibkonferenz mit einem oder mehreren Partnern durchführen!

© aol-verlag.de · Nr. 5927

Aufsatz: Fantasieerzählung aus veränderter Sicht

Name: _____ Datum: _____

Die Schreib-Tipps konntest du schon folgendermaßen umsetzen:

1. ICH-FORM

☐ Du schreibst deine Geschichte konsequent aus der Sicht der Hauptfigur. Prima!

☐ Einige Sätze/Textteile musst du überarbeiten. Du musst deine Geschichte konsequent in der ICH-Form schreiben! ☐ /2

2. Beschränkung auf ein Erlebnis

☐ Du erzählst nur ein einziges Erlebnis. Schön!

☐ Du reihst mehrere kurze Geschichten aneinander. Konzentriere dich auf eine einzige Begebenheit und streiche die restlichen Erlebnisse! ☐ /2

3. Gliederung

a) Einleitung:

☐ Deine Einleitung ist kurz und führt den Leser gut in die Erzählung ein. Toll!

☐ Du musst noch   ☐ die Hauptpersonen genauer vorstellen.

               ☐ den Hauptpersonen Namen geben. Das spricht den Leser mehr an.

               ☐ den Handlungsort beschreiben.

               ☐ erwähnen, wann die Geschichte spielt.

               ☐ die Einleitung kürzen. Schreibe in wenigen Sätzen WER WANN und WO etwas tut. ☐ /3

b) Hauptteil:

☐ Du erzählst das Erlebnis in allen Einzelheiten und auf den ausführlichen Höhepunkt zu. Klasse!

☐ Du musst noch   ☐ im Hauptteil das Erlebnis in allen Einzelheiten und auf den Höhepunkt hin erzählen.

               ☐ deinen Höhepunkt ausführlich ausgestalten. Schildere, was die Personen sehen, sagen,- denken, hören und fühlen. Verwende Frage-, Ausrufesätze und die wörtliche Rede! ☐ /3

c) Schluss:

☐ Du rundest in wenigen Sätzen deine Geschichte ab. Toll!

☐ Achte bei deiner Überarbeitung darauf, dass du den Ausgang des Erlebnisses mit wenigen Sätzen erzählst! ☐ /2

4. Textgestaltung

Treffende **Verben** und passende **Adjektive** verwendest du   ☐ häufig ☐ gelegentlich ☐ selten. ☐ /2

Du vermeidest **Wiederholungen** und wechselst deine **Satzanfänge**   ☐ häufig ☐ gelegentlich ☐ selten. ☐ /2

Satzbau: Deine Sätze formulierst du   ☐ weitgehend ☐ meistens ☐ häufig noch nicht richtig. ☐ /2

Die **Erzählzeit** (Vergangenheit) hältst du   ☐ weitgehend ☐ noch nicht ganz konsequent ☐ selten ein. ☐ /1

Deine **Überschrift** ☐ macht neugierig und verrät nicht zu viel ☐ passt nicht zu deiner Geschichte ☐ verrät zu viel. ☐ /1

☐ /20

Vornote: _____

Die Überarbeitungshinweise wurden   aufgegriffen und genutzt.

Endnote: _____

Unterschrift der Eltern: _____

© aol-verlag.de · Nr. 5927

Schreib-Tipps für eine Bildergeschichte mit offenem Ende

1. Betrachte die **Bilder** genau! Erzähle viele **Einzelheiten!**

2. Halte eine sinnvolle inhaltliche **Reihenfolge** ein!

3. **Gliedere deine Geschichte so:**

   a) **Einleitung:** WER – WO – WANN – WAS. Gib den Personen Namen!

   b) **Hauptteil:** Erzähle vor und auf dem Höhepunkt ausführlich, was die Personen sehen, hören, denken, sagen, fühlen! (Verwende die wörtliche Rede, Frage- und Ausrufesätze!)

   c) **Schluss:** Denke dir mehrere Lösungen aus. Wähle die Möglichkeit aus, die besonders passend, sinnvoll und auch überraschend ist!

4. Beachte die allgemeinen **Grundregeln zur Textgestaltung:**

   a) Benutze treffende **Verben** und viele **Adjektive** und zusammengesetzte **Nomen!**

   b) Gestalte die **Satzanfänge** abwechslungsreich, vermeide **Wiederholungen,** überprüfe den Satzbau!

   c) Halte die **Personalform** (ICH- oder ER-Form) konsequent ein!

   d) Halte die **Erzählzeit** (Vergangenheit) ein!

   e) Wähle eine passende **Überschrift,** die nicht zu viel verrät!

Tipps:

- Bildergeschichte in Ruhe durchlesen!

- Schwierige Wörter im Wörterbuch nachschlagen!

- Schreib-Tipps der Reihe nach im Text überprüfen! (Erledigtes abhaken!)

- Schreibkonferenz mit einem oder mehreren Partnern durchführen!

Aufsatz: Bildergeschichte mit offenem Ende

Name: _____ Datum: _____

Die Schreib-Tipps konntest du schon folgendermaßen umsetzen:

1. Genauigkeit

☐ Du hast die Bilder genau betrachtet und viele Einzelheiten erzählt. Prima!

☐ Betrachte die Bilder genauer. Sicher fallen dir noch viele Kleinigkeiten auf, mit denen du deine Geschichte
ausführlicher ausgestalten kannst. ☐ /3

2. Reihenfolge

☐ Du erzählst deine Geschichte in einer sinnvollen Reihenfolge. Der Leser findet sich gut zurecht. Schön!

☐ Du musst die Reihenfolge der Bilder beachten und überprüfen, ob du die Ereignisse in einer logischen Abfolge erzählst. ☐ /1

3. Gliederung

a) Einleitung:

☐ Deine Einleitung ist kurz und führt den Leser gut in die Erzählung ein. Toll!

☐ Du musst noch ☐ die Hauptpersonen genauer vorstellen.

☐ den Hauptpersonen Namen geben. Das spricht den Leser mehr an.

☐ den Handlungsort beschreiben.

☐ erwähnen, wann die Geschichte spielt.

☐ die Einleitung kürzen. Schreibe in wenigen Sätzen WER WANN und WO etwas tut. ☐ /2

b) Hauptteil :

☐ Du erzählst das Erlebnis in allen Einzelheiten und auf den ausführlichen Höhepunkt zu. Klasse!

☐ Du musst noch ☐ im Hauptteil das Erlebnis in allen Einzelheiten und auf den Höhepunkt hin erzählen.

☐ deinen Höhepunkt ausführlich ausgestalten. Schildere, was die Personen sehen, sagen,-
denken, hören und fühlen. Verwende Frage-, Ausrufesätze und die wörtliche Rede! ☐ /3

c.) Schluss :

☐ Du hast dir einen guten Schluss einfallen lassen. Prima!

☐ Denke dir bei solchen Aufsätzen stets mehrere Lösungen aus und wähle die Möglichkeit, die besonders-passend,-
sinnvoll und auch überraschend ist. ☐ /3

4. Textgestaltung

Treffende **Verben**, passende **Adjektive** und zusammengesetzte **Nomen** verwendest du

☐ häufig ☐ gelegentlich ☐ selten. ☐ /2

Du vermeidest **Wiederholungen** und wechselst deine **Satzanfänge**

☐ häufig ☐ gelegentlich ☐ selten. ☐ /2

Satzbau: Deine Sätze formulierst du

☐ weitgehend ☐ meistens ☐ häufig noch nicht richtig. ☐ /1

Deine einmal gewählte **Personalform** hältst du

☐ in der Regel ☐ noch nicht ganz konsequent ☐ kaum ein. ☐ /1

Die **Erzählzeit** (Vergangenheit) hältst du

☐ weitgehend ☐ noch nicht ganz konsequent ☐ selten ein. ☐ /1

Deine **Überschrift**

☐ macht neugierig und verrät nicht zu viel. ☐ passt nicht zu deiner Geschichte. ☐ verrät zu viel. ☐ /1

☐ /20

Vornote:

Die Überarbeitungshinweise wurden   aufgegriffen und genutzt.

Endnote:

Unterschrift der Eltern:

Schreib-Tipps für eine Nacherzählung aus veränderter Sicht

1. Halte die **ICH-Personalform** konsequent ein (oder verwende durchgehend eine andere vereinbarte Personalform)!

2. Der **Einleitungssatz** muss die Fragen WER? WO? WANN? WAS? beantworten!

3. Schreibe nur das **Wichtigste!** Lasse überflüssige Einzelheiten weg!

4. Halte eine sinnvolle inhaltliche **Reihenfolge** ein!

5. Beachte die allgemeinen **Grundregeln zur Textgestaltung:**

   a) Verwende **treffende Verben** und **farbige Adjektive** und **zusammengesetzte Nomen!**

   b) Gestalte die **Satzanfänge** abwechslungsreich, vermeide Wiederholungen und überprüfe den **Satzbau** (Klangprobe)!

   c) Verwende die **wörtliche Rede, Frage- und Ausrufesätze!**

   d) Halte die **Erzählzeit** (Vergangenheit) ein!

   e) Wähle eine passende **Überschrift!**

Tipps:

 Nacherzählung in Ruhe durchlesen!

Schwierige Wörter im Wörterbuch nachschlagen!

Schreib-Tipps der Reihe nach im Text überprüfen! (Erledigtes abhaken!)

Schreibkonferenz mit einem oder mehreren Partnern durchführen!

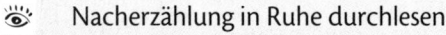

Aufsatz: Nacherzählung aus veränderter Sicht

Name: _____ Datum: _____

Die Schreib-Tipps konntest du schon folgendermaßen umsetzen:

1. Personalform

Du hältst die ICH-Personalform ☐ konsequent ☐ noch nicht ganz konsequent ☐ nicht konsequent ein.
☐ /2

2. Einleitung

☐ Deine Einleitung ist kurz und führt den Leser gut in die Erzählung ein. Toll!

☐ Du musst noch ☐ die Hauptpersonen/den Erzähler genauer vorstellen.

☐ den Handlungsort beschreiben.

☐ erwähnen, wann die Geschichte ungefähr spielt.

☐ die Einleitung kürzen. Schreibe in wenigen Sätzen WER WANN und WO etwas tut. ☐ /2

3. Beschränkung auf das Wesentliche

☐ Du erzählst nur das Wichtigste, lässt aber keine entscheidenden Informationen weg.

☐ Lasse überflüssige und störende Einzelheiten weg.

☐ Du musst noch entscheidende Informationen/Geschichtenteile zum besseren Verständnis
deiner Nacherzählung-einfügen. ☐ /3

4. Genauigkeit

☐ Du erfindest keine Einzelheiten hinzu und hältst dich genau an den inhaltlichen Kern der Geschichte. Prima!

☐ Einiges hast du in deiner Geschichte hinzuerfunden. Bei Nacherzählungen musst du dich aber im Wesentlichen an
die vorgegebene Geschichte halten und darfst inhaltlich nichts verändern. Überarbeite die mit „T4" (= Tipp 4)
gekennzeichneten Textstellen! ☐ /1

5. Reihenfolge:

☐ Du erzählst deine Geschichte in einer sinnvollen Reihenfolge. Der Leser findet sich gut zurecht. Schön!

☐ Du musst die Reihenfolge der Geschehnisse beachten und überprüfen, ob du die Ereignisse in einer logischen
Abfolge-erzählst! ☐ /1

6. Textgestaltung

Treffende **Verben** und passende **Adjektive** verwendest du ☐ häufig ☐ gelegentlich ☐ selten. ☐ /2

Du vermeidest **Wiederholungen** und wechselst deine **Satzanfänge**

☐ häufig ☐ gelegentlich ☐ selten. ☐ /2

Du vermeidest **wörtliche Rede** und spannungserzeugende **Ausrufe- und Fragesätze**

☐ häufig ☐ gelegentlich ☐ wenig. ☐ /2

Satzbau: Deine Sätze formulierst du ☐ weitgehend ☐ meistens ☐ häufig noch nicht richtig. ☐ /1

Die **Erzählzeit** (Vergangenheit) hältst du ☐ weitgehend ☐ noch nicht ganz konsequent ☐ selten ein. ☐ /1

Deine **Überschrift** ☐ macht neugierig und verrät nicht zu viel ☐ passt nicht zu deiner Geschichte ☐ verrät zu viel. ☐ /1

☐ /18

Vornote:

Die Überarbeitungshinweise wurden   aufgegriffen und genutzt.

Endnote:

Unterschrift der Eltern:

Schreib-Tipps für eine Personenbeschreibung

1. Beschreibe die jeweilige Person in allen **Einzelheiten** und so genau wie möglich!
   Verwende dazu:

   treffende und zusammengesetzte Adjektive   (z. B.: der *hellgrüne* Pullover, die *glitzernde* Brosche),

   treffende und zusammengesetzte Nomen   (z. B.: der hellgrüne *Wollpullover/Strickpullover*, die glitzernde *Goldbrosche*),

   passende und richtige Fachausdrücke  (z. B.: die *blonden* Haare, die *Bermudahose*).

2. Beschreibe systematisch, halte eine gewisse **Reihenfolge** der zu beschreibenden Einzelheiten ein! Die Aufstellung auf dem nächsten Blatt soll dir dabei helfen!

3. Bleibe **sachlich!** Persönliche Meinungen, Erfahrungen und Erlebnisse darfst du nicht hinzufügen! (Eventuelle Ausnahme: als *erwünschte* Ergänzung zum Schluss der Beschreibung)

4. Da du die Person im Jetztzustand beschreibst, verwendest du Verben in der Gegenwarts-Zeitform (**Erzählzeit** = Präsens)!

5. **Textgestaltung:**

   a) Achte auf wechselnde **Satzanfänge** und vermeide **Wiederholungen**!

   b) **Vertausche die Satzglieder,** das heißt: Baue Sätze häufiger um (z. B: Satzgegenstand in die Mitte/ an den Schluss)! So klingt ein Text abwechslungsreicher.

   c) **Verbinde kurze Sätze!** Dadurch kannst du langweilige Wiederholungen vermeiden (Statt: „Sie trägt einen hellgrünen Strickpullover. Sie trägt eine halbmondförmige Goldbrosche." kannst du schreiben: „Sie trägt einen hellgrünen Strickpullover, an dem eine halbmondförmige Goldbrosche befestigt ist."

   d) Verwende abwechslungsreiche und treffende **Verben.**

   Wichtig: Überprüfe stets die Qualität deiner Sätze und deines Textes durch wiederholte **Klangproben** (= halblautes Vorlesen)!

Tipps:

 Personenbeschreibung in Ruhe durchlesen!

Schwierige Wörter im Wörterbuch nachschlagen!

Schreib-Tipps der Reihe nach im Text überprüfen! (Erledigtes abhaken!)

Schreibkonferenz mit einem oder mehreren Partnern durchführen!

Systematischer Aufbau – Stichwortsammlung

Gestalt (Größe, Figur, Gesamteindruck)

....

Gesicht (Form/Hautfarbe/Make-up)

....

Haare (Farbe/Länge/Frisur)

....

Augen (Form/Farbe/Make-up)

....

Nase (Form/Größe)

....

Mund (Form)

....

Besondere Kennzeichen im Gesicht:

....

Kleidung a) Oberkörperbekleidung, b) Unterkörperbekleidung, c) Schuhe

....

....

Besondere Kennzeichen:

....

Vorlieben/Eigenschaften:

....

Hobbys:

....

Aufsatz: Personenbeschreibung

Name: _____ Datum: _____

Die Schreib-Tipps konntest du schon folgendermaßen umsetzen:

1. Genauigkeit der beschriebenen Einzelheiten

Du gehst auf viele Einzelheiten ein. Toll! Zu folgenden, unterstrichenen Merkmalen musst du noch etwas schreiben:

Gestalt: Größe, Figur, Gesamteindruck
Gesicht: Form, Hautfarbe, Make-up
Haare: Farbe, Länge, Frisur
Augen: Form, Farbe, Make-up
Nase: Form, Größe
Mund: Form   ☐ /6

Besondere Kennzeichen im Gesicht:
Kleidung:
a) Oberkörperbekleidung:
b) Unterkörperbekleidung:
c) Schuhe:
Besondere Kennzeichen:
Vorlieben/Eigenschaften:
Hobbys: ☐ /6

Treffende Adjektive verwendest du	☐ häufig	☐ gelegentlich	☐ selten.
Zusammengesetzte Adjektive verwendest du	☐ häufig	☐ gelegentlich	☐ selten. ☐ /3
Treffende Nomen verwendest du	☐ häufig	☐ gelegentlich	☐ selten.
Zusammengesetzte Nomen verwendest du	☐ häufig	☐ gelegentlich	☐ selten. ☐ /3
Passende und richtige Fachausdrücke verwendest du	☐ häufig	☐ gelegentlich	☐ selten. ☐ /1

2. Systematischer Aufbau

Du beschreibst die Einzelheiten der betreffenden Person
☐ im Allgemeinen   ☐ nicht immer   ☐ noch nicht ganz in einer sinnvollen Reihenfolge.   ☐ /2

3. Sachlichkeit

Eine Personenbeschreibung muss sachlich sein. Persönliche Meinungen, Erfahrungen und Erlebnisse dürfen – wenn überhaupt – nur in die Schlussbetrachtung einfließen.
Das hast du   ☐ beachtet   ☐ zum Teil beachtet   ☐ noch nicht beachtet.   ☐ /1

4. Zeitform der Verben

Die Erzählzeit (Gegenwart) hältst du   ☐ weitgehend   ☐ noch nicht konsequent   ☐ selten ein.   ☐ /2

5. Textgestaltung

Du vermeidest Wiederholungen und wechselst Satzanfänge ☐ häufig   ☐ gelegentlich   ☐ selten.   ☐ /2

Satzbau: Deine Sätze formulierst du
☐ abwechslungsreich   ☐ richtig   ☐ meistens richtig   ☐ häufig noch nicht richtig.   ☐ /3

Du verbindest kurze Sätze   ☐ häufig   ☐ gelegentlich   ☐ selten.   ☐ /2

Abwechslungsreiche Verben verwendest du
☐ häufig   ☐ gelegentlich   ☐ selten.   ☐ /2

☐ /33

Vornote:

Die Überarbeitungshinweise wurden   aufgegriffen und genutzt.

Endnote:

Unterschrift der Eltern:

Schreib-Tipps für einen Bericht über einen Tagesablauf/ eine Beschreibung eines Tagesablaufes

1. Achte auf die genaue **Reihenfolge** der einzelnen Ereignisse und Tätigkeiten im Tagesablauf.

2. Berichte so **genau und vollständig** wie möglich! Dein Leser muss das Geschriebene gut nachvollziehen können.

3. Bleibe **sachlich!** Persönliche Meinungen dürfen nur in bestimmten Ausnahmefällen hinzugefügt werden.

4. Textgestaltung
   a) Verwende **treffende Fachausdrücke** (zusammengesetzte Nomen/Fachsprache)!
   b) Achte auf wechselnde **Satzanfänge!** Berichte nie in der „und dann – und dann"-Form! Verwende besser Satzanfangswörter wie: zuerst, nun, später, schließlich … oder Tageszeitangaben wie: frühmorgens, am späten Nachmittag …
   c) Wähle die passende **Erzählzeit,** die du entsprechend beibehältst!

Vergangenheit:	Wenn es sich um einen abgeschlossenen, erlebten Tagesablauf handelt. (Bericht)
Gegenwart:	Wenn es sich um einen immer täglich gleich bleibenden Ablauf handelt. (Beschreibung)
Zukunft:	Wenn es sich um einen in der Zukunft erwarteten oder erwünschten Tagesablauf handelt.

   d) Verwende treffende, wechselnde **Verben** und viele **Adjektive!**

   e) Überprüfe deinen Satzbau durch **Klangproben!** Variiere deine Satzanfänge, verbinde kurze Sätze und vermeide Wiederholungen.

Tipps:

 Bericht in Ruhe durchlesen!

Schwierige Wörter im Wörterbuch nachschlagen!

Schreib-Tipps der Reihe nach im Text überprüfen! (Erledigtes abhaken!)

Schreibkonferenz mit einem oder mehreren Partnern durchführen!

Aufsatz: Tagesablauf

Name: _____ Datum: _____

Die Schreib-Tipps konntest du schon folgendermaßen umsetzen:

1. Reihenfolge

☐ Du berichtest deinenTagesablauf in einer sinnvollen Reihenfolge. Der Leser findet sich gut zurecht. Schön!

☐ Du musst die Reihenfolge der Ereignisse beachten. Überprüfe und erzähle in der richtigen Abfolge. ☐ /2

2. Genauigkeit

☐ Du berichtest vollständig und erzählst viele Einzelheiten. Der Leser kann sich eine genaue Vorstellung von deinem-beschriebenen Tagesablauf machen.

☐ Du musst noch mehr Einzelheiten erzählen, damit der Leser eine klare Vorstellung von dem beschriebenen Tagesablauf bekommt. ☐ /2

3. Sachlichkeit

Sachlich berichtest du ☐ durchgängig ☐ weitgehend ☐ teilweise ☐ nicht immer. ☐ /2

4. Textgestaltung

Treffende **Fachausdrücke/Nomen** verwendest du ☐ häufig ☐ gelegentlich ☐ selten. ☐ /2

Treffende **Verben**, veranschaulichende **Adjektive** verwendest du

☐ häufig ☐ gelegentlich ☐ selten. ☐ /2

Du vermeidest **Wiederholungen** und wechselst deine **Satzanfänge**

☐ häufig ☐ gelegentlich ☐ selten. ☐ /2

Satzbau: Deine Sätze formulierst du

☐ weitgehend ☐ meistens ☐ häufig noch nicht richtig. ☐ /1

Deine einmal gewählte **Personalform** hältst du

☐ in der Regel ☐ noch nicht ganz konsequent ☐ kaum ein. ☐ /1

Die **Erzählzeit** hältst du ☐ weitgehend ☐ noch nicht ganz konsequent ☐ selten ein. ☐ /1

Deine **Überschrift**

☐ macht neugierig und verrät nicht zu viel ☐ passt nicht zu deiner Geschichte ☐ verrät zu viel. ☐ /1

☐/16

Vornote:

Die Überarbeitungshinweise wurden _____ aufgegriffen und genutzt.

Endnote:

Unterschrift der Eltern:

© aol-verlag.de · Nr. 5927

Schreib-Tipps für _____

Tipps:

👁 In Ruhe durchlesen!

📖 Schwierige Wörter im Wörterbuch nachschlagen!

📝 Schreib-Tipps der Reihe nach im Text überprüfen! (Erledigtes abhaken!)

🗣 Schreibkonferenz mit einem oder mehreren Partnern durchführen!

Aufsatz: Nacherzählung

Erste Fassung des Textes:

Der Dümling

A Es war einmal ein sehr unerhörter dummer Hans und sein Vater, der ihn
in die weite Welt schickte. Als Hans ans Meer ankam, hungerte er.
Da kam eine glitschige Kröte und sprach:„ Umschling mich!"
Hans hatte Angst, doch die Kröte kam noch zweimal
hoch und sprach den gleichen Spruch. Beim dritten Mal
umschlängte er sie und tauchte mit ihr unter. Nun kam
Tipp
* 5b men Hans und die Kröte an ein wunder, wunderschönes
A Schloss da diente er der Kröte 7 Jahre lang *. Und als
sie ihm befal, mit ihr zu ringen, da tat er es auch. Und
A da wurde sie ein wunder, wunderschönes Mädchen auch ihr
Schloss war wieder oben auf dem Land. Danach liefen sie
zum Vater vom Hans und bekamen sein Reich.

Aufsatz: Nacherzählung Name: *Simone, 3c* Datum: _____

Die Schreib-Tipps konntest du schon folgendermaßen einsetzen:

1. Einleitungssatz

☐ Dein Einleitungssatz führt den Leser gut in die Geschichte ein. Toll!

☒ Du musst noch ☒ die Hauptperson (en) genauer vorstellen.

☐ schreiben, wo sich die Personen befinden.

☐ erwähnen, wann die Geschichte spielt. ☒ 2 /3

2. Inhalt der Nacherzählung

☒ Du hast nur das Wichtigste erzählt, überflüssige Einzelheiten weggelassen und nichts dazu erfunden. Spitze!

☐ Achte bei der Überarbeitung auf folgende Punkte:

☐ Erzähle nur das Wichtigste! Lasse alle überflüssigen und störenden Einzelheiten weg. Textstellen, bei denen am Rand T3 (= Tipp 3) steht, musst du überarbeiten. Kürze sie sinnvoll oder streiche sie ganz!

☐ Erfinde keine Einzelheiten hinzu! Textstellen, die mit T4 markiert sind, musst du sinnvoll kürzen oder streichen.

☐ Deine Nacherzählung muss alle wichtigen Elemente beinhalten. Bei den mit T2 gekennzeichneten Textstellen fehlt noch etwas. Überlege, was es ist und füge es hinzu! 3 /3

3. Reihenfolge

☒ Du hast in deiner Nacherzählung die genaue Reihenfolge der Geschichte beachtet. Klasse!

☐ Achte auf die genaue Reihenfolge der Ereignisse. Lies deinen Text noch einmal genau und überarbeite die mit T5 gekennzeichneten Stellen! 3 /3

4. Personalform

☒ Du hältst die einmal gewählte Personalform ein. Prima!

☐ Du wechselst im Text die Personalform. Überarbeite die mit T6 gekennzeichneten Textstellen. 3 /3

5. Textgestaltung

Treffende Verben und Adjektive verwendest du

☒ häufig ☐ gelegentlich ☐ selten. 3 /3

Wörtliche Rede und spannungserzeugende Ausrufe- oder Fragesätze verwendest du

☒ an passenden Stellen ☒ wenig ☐ kaum/nicht. 1 /3

Du vermeidest Wiederholungen und wechselst deine Satzanfänge

☐ häufig ☒ gelegentlich ☐ selten. 2 /3

Du hältst die Erzählzeit ☒ ein ☐ nicht immer ein. Korrigiere! 3 /3

☐ /24

Vornote: *gut*

Die Überarbeitungshinweise wurden *weitgehend* aufgegriffen und genutzt.

Endnote: *sehr gut (–)*

Unterschrift der Eltern:

Aufsatz: Nacherzählung

Zweite, überarbeitete Fassung des Textes:

Der Dümmling

Es waren einmal ein unerhört dummer Hans und sein Vater, der ihn, weil er so dumm war, in die weite Welt schickte. Als Hans ans Meer kam, war er sehr hungrig. Da begegnete Hans einer glitschigen Kröte, die und sprach: „Umschling mich!" Hans hatte Angst, doch die Kröte kam noch zweimal hoch und sprach den gleichen Spruch. Beim dritten Mal umschlang er sie und tauchte mit ihr unter. Nun kamen Hans und die Kröte an ein wunderwunderschönes Schloss. Dort diente er der Kröte 7 Jahre lang! Doch als sie ihm befahl, mit ihr zu ringen, da tat er es auch. Plötzlich wurde sie eine so schöne Prinzessin. Auch ihr Schloss war wieder oben auf dem Land. Danach liefen sie zum Vater von Hans und erbten sein Reich. Jetzt wurde Hans wieder gescheit.

Klangprobe wäre gut!

Toll, Simone!

Klangprobe: Mehrmaliges, halblautes Vorlesen der entsprechenden Textstellen!

Simone

Aufsatz: Reizwortgeschichte

Erste Fassung des Textes:

Maus, Kleid, Hecke, Prinzessin   3c

Die Maus als Prinzessin

Es war einmal eine Maus, die hieß Ramona. Eines Tages zog sie sich ein Kleid an. Die Maus war eine Prinzessin und wollte aus ihrem Schloss. Doch da war eine kleine Hecke und sie kam nicht an die Luft. Und die Hecke wurde größer, größer und größer. Als die Hecke so hoch wie das Haus war, kam sie wirklich nicht mehr an die Luft. ✱

Nach einer Weile kam ihr eine Idee. Sie kroch unten durch und kam an die Luft. Die Prinzessin war froh, an der Luft zu sein.

Randbemerkungen:

Stelle die Maus im Einleitungssatz vor (Tipp 3)!

Das verstehe ich nicht. Schreibe genauer!

A (Haus oder Schloss?)

✱ Tipp 3: Höhepunkt!

Tipp 3: Schluss!

A

Aufsatz: Reizwortgeschichte   Name: _Simone, 3c_   Datum: _____

Die Schreib-Tipps konntest du schon folgendermaßen einsetzen:

1. **Reizwörter**
   - ☐ In deiner Geschichte spielen alle Reizwörter eine wichtige Rolle. Prima!
   - ☒ In der Geschichte spielt folgendes Reizwort keine wichtige Rolle : *Kleid*   ☑ 1 /2

2. **Beschränkung auf ein Erlebnis:**
   - ☒ Du erzählst nur ein einziges Erlebnis. Schön!
   - ☐ Du reihst mehrere kurze Geschichten aneinander. Konzentriere dich auf eine einzige Begebenheit und streiche die restlichen Erlebnisse!   ☑ 2 /2

3. **Gliederung:**
   a) Einleitung:
   - ☐ Deine Einleitung ist kurz und führt den Leser gut in die Erzählung ein. Toll!
   - ☒ Du müsstest noch   ☒ die Hauptpersonen genauer vorstellen.
     - ☐ den Hauptpersonen Namen geben. Das spricht den Leser mehr an.
     - ☐ den Handlungsort beschreiben. *eventuell!*
     - ☐ erwähnen, wann die Geschichte spielt.
     - ☐ die Einleitung kürzen. Schreibe in wenigen Sätzen WER WANN und WO etwas tut.   1 ½ /2

   b) Hauptteil:
   - ☐ Du erzählst das Erlebnis in allen Einzelheiten und auf den ausführlichen Höhepunkt zu. Klasse!
   - ☐ Du musst noch   ☒ im Hauptteil das Erlebnis in allen Einzelheiten und auf den Höhepunkt hin erzählen. *genauer!*
     - ☒ deinen Höhepunkt ausführlich ausgestalten. Schildere, was die Personen sehen, sagen, denken, hören und fühlen. Verwende Frage-, Ausrufesätze und die wörtliche Rede!   ½ /3

   c) Schluss:
   - ☒ Du rundest in wenigen Sätzen deine Geschichte ab. Toll! *Suche einen raffinierteren Schluss!*
   - ☐ Achte bei deiner Überarbeitung darauf, dass du den Ausgang des Erlebnisses mit wenigen Sätzen erzählst!   1 ½ /2

4. **Textgestaltung:**
   Treffende **Verben** und passende **Adjektive** verwendest du
   - ☐ häufig   ☐ gelegentlich   ☒ selten.   ☑ 1 /2

   Du vermeidest **Wiederholungen** und wechselst deine **Satzanfänge**
   - ☐ häufig   ☒ gelegentlich   ☐ selten.   ☑ 1 /2

   Satzbau: Deine Sätze formulierst du
   - ☒ weitgehend   ☐ meistens   ☐ häufig noch nicht richtig.   ☑ 1 /2

   Deine einmal gewählte **Personalform** hältst du
   - ☒ in der Regel   ☐ noch nicht ganz konsequent   ☐ kaum ein.   ☑ 1 /1

   Die **Erzählzeit** (Vergangenheit) hältst du
   - ☒ weitgehend   ☐ noch nicht ganz konsequent   ☐ selten ein.   ☑ 1 /1

   Deine **Überschrift**
   - ☐ macht neugierig und verrät nicht zu viel.   ☒ passt nicht zu deiner Geschichte.   ☐ verrät zu viel.   ½ /1
   verwirrend!

   13/20

Vornote: *ausreichend +*

Die Überarbeitungshinweise wurden *teilweise* aufgegriffen und genutzt.

Endnote: *ausreichend*

Unterschrift der Eltern:

Aufsatz: Reizwortgeschichte

Zweite, überarbeitete Fassung des Textes:

Die Maus

Es war einmal eine Mäuseprinzessin, die hieß Ramona. Eines Tages zog sie sich ein Kleid an. Es war sehr schön. Die Mäuseprinzessin wollte aus ihrem Schloss heraus, um das *wo* eine dicke Hecke herum war. Aber sie war klein. Sie wurde aber auch schon größer, größer und größer. Als die Hecke so hoch war wie das Schloss war, kam sie wirklich nicht mehr an die Luft.* Nach einer Weile kam ihr eine Idee. Sie kroch unten durch und kam an die Luft. Doch das Kleid zerriss. Die Prinzessin war froh, draußen zu sein.

Randnotizen:
- Wer war klein? Die Hecke?
- Warum wurde sie größer?
- Hier hätte der Höhepunkt sein können.
- Wo kroch sie durch?

Deine Geschichtenidee ist gut, fein, Simone! Aber man müsste sie noch an einigen Stellen ausfeilen.

Literaturverzeichnis

Kommentierte Bibliografie

Nachfolgende Literatur hat mir bei der unterrichtlichen Aufsatzvorbereitung und der Konzeptbildung zur Aufsatzbeurteilung sehr geholfen. Beck, Schilling und Wagner gelten vielleicht nicht mehr bei allen Didaktikern als „Muss"-Literatur, haben aber in mir maßgeblich die Idee reifen lassen, systematisch an die Aufsatzbeurteilung heranzugehen. In allen drei Werken findet man unterschiedliche Ansätze für die an festen Kriterien orientierte Aufsatzbeurteilung. Detter liefert ein systematisches Praxistraining für Grundschüler zu den einzelnen Beurteilungskriterien. Spitta schließlich macht Mut, Aufsatzerziehung einmal ganz anders aufzuziehen. Mit ihrer Methode regt sie die Jungautoren zu viel Eigenständigkeit und Eigenverantwortung an.

- Beck, O.: Aufsatzunterricht Grundschule konkret, Hohengehren 1993

- Detter, A./W. Heimlich/R. Seeberger: Training Aufsatz 3. Schuljahr, Stuttgart 1991

- Detter, A./W. Heimlich/R. Seeberger: Training Aufsatz 4. Schuljahr, Stuttgart 1991

- Schilling, H.: Aufsatzbewertung auf der Grundlage lernzielorientierten Unterrichtes, Auszüge einer Vorlesung an der Universität Köln 1986

- Spitta, G.: Schreibkonferenzen – ein Weg vom spontanen Schreiben zum bewussten Verfassen von Texten, Cornelsen-Scriptor, Frankfurt 1992

- Spitta, G. (Hrsg.): Freies Schreiben – eigene Wege gehen, Libelle Verlag, Lengwil am Bodensee (CH), 1998

- Wagner, R.: Formen schriftlichen Sprachgestaltens, München 1999

AOL-Arbeitsvorlagen

Schreibideen für die Schuleingangsphase
Allein, mit dem Partner, in der Gruppe: Mit diesen Auftragskarten und Arbeitsblättern können schon Schulanfänger freies Schreiben praktizieren. Die Kinder schreiben für sich und für andere: Sie notieren ihre Lieblingswörter und sammeln sie in Wörter-Schatzkisten, verfassen kurze Rätsel zu ihren Kuscheltieren, erfinden Geschichten, erstellen Schatzkarten, schreiben Traumgeschichten und machen sich Notizen für das Lerntagebuch ...
A4-Arbeitsvorlagen, 48 Seiten
Klasse 1/2   **Bestell-Nr. X508**

Engagiert unterrichten.
Natürlich lernen.

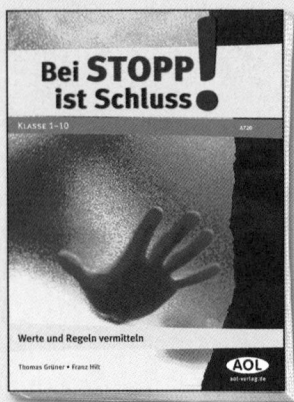